Texte . Medien

KLAUS-PETER WOLF

Sklaven und Herren

Schroedel
westermann

Texte • Medien

„Sklaven und Herren"
von Klaus-Peter Wolf

Herausgegeben von Ingrid Hintz

Materialteil erarbeitet von Dieter Hintz

Das Texte • Medien –Programm zu „Sklaven und Herren":
978-3-507-47449-9   Textausgabe mit Materialien
978-3-507-47849-2   Lesetagebuch
978-3-507-47949-9   Materialien für Lehrerinnen und Lehrer
Informationen und Materialien im Internet: **www.westermann.de/textemedien**

westermann GRUPPE

© 2014 Bildungshaus Schulbuchverlage
Westermann Schroedel Diesterweg Schöningh Winklers GmbH
Braunschweig, www.westermann.de

Druck A^3 / Jahr 2020
Alle Drucke der Serie A sind im Unterricht parallel verwendbar.

Redaktion: Jorinde Assemann-Fangmeier
Herstellung: Andreas Losse
Umschlaggestaltung und Layout: JanssenKahlert Design, Hannover
Umschlagfoto: Jan Roeder, Krailling bei München
Satz: Heidrun Herschel, Wunstorf
Druck und Bindung: Westermann Druck Zwickau GmbH

ISBN 978-3-507-**47449**-9

INHALT

KLAUS-PETER WOLF
Sklaven und Herren

Kapitel 1 7
Kapitel 2 12
Kapitel 3 14
Kapitel 4 18
Kapitel 5 22
Kapitel 6 23
Kapitel 7 25
Kapitel 8 29
Kapitel 9 34
Kapitel 10 35
Kapitel 11 37
Kapitel 12 40
Kapitel 13 44
Kapitel 14 49
Kapitel 15 56
Kapitel 16 58
Kapitel 17 61
Kapitel 18 63
Kapitel 19 65
Kapitel 20 71
Kapitel 21 74
Kapitel 22 75
Kapitel 23 80
Kapitel 24 82
Kapitel 25 92
Kapitel 26 92
Kapitel 27 99
Kapitel 28 106

Kapitel 29 109
Kapitel 30 111
Kapitel 31 115
Kapitel 32 118
Kapitel 33 124
Kapitel 34 125
Kapitel 35 126
Kapitel 36 129
Kapitel 37 130
Kapitel 38 132
Kapitel 39 137
Kapitel 40 139
Kapitel 41 142
Kapitel 42 145
Kapitel 43 146
Kapitel 44 147
Kapitel 45 148
Kapitel 46 152
Kapitel 47 153
Kapitel 48 155

Materialien

Interview mit dem Autor Klaus-Peter Wolf 158
Sklaven und Herren *(Sachtext)* 162
Martin Luther King: I have a dream *(Redeauszug)* 166
Mobbing *(Sachtext)* 167
Anja Tuckermann: Dorita *(Jugendbuchauszug)* 169
Sadismus *(Sachtext)* 171
Kinder haben Rechte *(Sachtext)* 174

Text- und Bildquellen 176

Zu diesem Buch

Dieses Buch erzählt von seltsamen Vorfällen an der Hans-Bödecker-Schule: Jüngere Schüler tun Dinge, die sie normalerweise nie tun würden. Tim, Doro, Lina und Jan finden schließlich heraus, dass manche ihrer Mitschüler als „Sklaven" gehalten werden. Doch als die vier Freunde diese Machenschaften aufdecken wollen, geraten sie selbst in den Strudel des Geschehens ...

Es gibt viele Jugendliche, die gern Bücher lesen. Das ist erfreulich, denn wer liest, nimmt teil an den Lebensgeschichten, Erlebnissen, Problemen, Gedanken und Gefühlen der Buchfiguren. Deshalb sagt man: Wer liest, lebt doppelt.

Die Bücher der Reihe **Texte.Medien** wollen zum Lesen motivieren – im Unterricht in der Schule, aber auch zu Hause in der Freizeit. Sie wollen die Freude am Lesen steigern und „Lust auf mehr Bücher" machen.

Zu jedem Buch gibt es ein **Lesetagebuch**, das dabei helfen soll, sich selbstständig – individuell und gemeinsam mit anderen, die ebenfalls dieses Buch lesen – mit dem Inhalt und den Personen auseinanderzusetzen.

Viel Freude beim Lesen des Buches!

Klaus-Peter Wolf

Dies ist ein Roman. Er spielt in Köln. In meinem Köln. Einige Orte, wie z. B. die Hans-Bödecker-Schule, habe ich erfunden. Andere Orte wiederum sind real. Ich war dort einkaufen, habe dort Eis gegessen und sie aus meiner Erinnerung wiedergegeben. Die handelnden Figuren dagegen entstammen alle meiner Fantasie. Ähnlichkeiten mit lebenden Personen wären rein zufällig und sind nicht beabsichtigt.

Klaus-Peter Wolf
Sklaven und Herren

Kapitel 1

Etwas stimmte nicht.

Tim Sommerfeld drückte sich mit beiden Armen von der Decke hoch und blickte zum Fuß des Sprungturms. Dort, nur wenige Schritte von Tim entfernt, stand Klaus Sträußen, der Klassensprecher der 5 c an der Hans-Bödecker-Schule.

Klaus war für seine große Klappe bekannt. Er hatte immer einen frechen Spruch auf Lager und wollte später mal Bundeskanzler werden. Den ersten Schritt auf diesem langen Weg hatte er getan: Ohne eine einzige Gegenstimme war er zum Klassensprecher gewählt worden. Aber jetzt stand er da wie ein Häufchen Elend. Die Schultern nach vorn gebeugt, den Kopf eingezogen, wie jemand, der befürchtet, von hinten geschlagen zu werden. Er hatte einen leichten Sonnenbrand auf den Oberarmen und offensichtlich panische Angst.

Tim Sommerfeld begriff nicht, was mit Klaus Sträußen los war. „Hast du dir wehgetan?", fragte er, aber Klaus reagierte nicht. Stattdessen ging er, als ob er Tim gar nicht gehört hätte, zum Sprungturm und kletterte langsam die ersten Stufen der Leiter hoch. Dabei tropften Tränen auf die silberfarbenen Haltegriffe.

Tim sah sich nach Klaus' Schwester Inga um. Sie war zwei Jahre älter als Klaus und ging in Tims Parallelklasse. Tim mochte sie. Sie spielte wundervoll Klavier, gab bei Schulfesten und Familienfeiern schon kleine Konzerte. Inga hatte ihre Decke hinten bei den Büschen, wohin sich die Liebespärchen verzogen, wenn sie ein bisschen ungestört sein wollten. Tim tastete nach seiner Sonnenbrille, die er in die Stirn geschoben hatte. Trotz der blauen Gläser wurde er von der Sonne geblendet. Die Brille sah zwar cool aus, sie unterstrich seine langen blonden Haare und die wasserblauen Augen, schützte aber nicht wirklich vor Sonnenlicht.

Inga trug einen pinkfarbenen Bikini mit schwarzen Punkten darauf. Von weitem sah sie aus wie ein Marienkäfer auf Droge. Tim überlegte einen Moment, ob er sich einfach wieder hinlegen sollte, aber dann sah er noch einmal zu Klaus Sträußen hoch. Ein frischer Wind ließ Klaus' Haare flattern, als er den Zehnmeterturm hochkletterte. Tim versuchte, mit seinen Handflächen die Augen vor den Sonnenstrahlen zu schützen. Wenn er sich nicht irrte, zitterte Klaus.

Was sollte das? Tim fragte sich, ob ihn das überhaupt etwas anging. Dies ist ein freies Land, dachte er. Da darf jeder vom Zehnmeterturm springen, wann er Lust darauf hat. Wenn jemand Klaus dort hochgezogen hätte, wäre Tim sofort bereit gewesen, den Helden zu spielen und den jüngeren Schüler zu verteidigen. Doch der tat das da offensichtlich freiwillig. Allerdings sah er nicht aus wie jemand, dem es Spaß macht.

Jetzt war Klaus oben auf der Plattform des Zehnmeterturms angekommen. Vorsichtig tastete er sich nach vorne.

Noch vor ein paar Monaten hätte Tim sich einfach wieder auf seine Decke gelegt, um sich bräunen zu lassen. Doch wenn er etwas aus den Ereignissen im April um Kai Lichte gelernt hatte, dann dies: Manchmal brauchten andere Menschen Hilfe, waren aber nicht in der Lage, darum zu bitten. Tim und seine Freunde Jan, Doro und Lina hatten sich vorgenommen, nicht mehr die Augen zu verschließen oder wegzugucken.

Ereignisse um Kai Lichte Diese Ereignisse werden im Buch „Der Einzelgänger" geschildert.

Vielleicht war Klaus Sträußen krank. Hatte er einen Sonnenstich bekommen? Oder hatte er irgendein synthetisches Zeug geschluckt, Ecstasy oder so was? Tim lief kurz entschlossen zum Sprungturm und kletterte hinter dem Klassensprecher der 5 c her.

Bloß nicht nach unten gucken, dachte Tim. Bloß nicht nach unten gucken. Er selbst war noch nie vom Zehnmeterbrett gesprungen. Überhaupt hasste er Höhen. Er machte nicht mal gern mit seinen Eltern in den Bergen Urlaub. Sie hatten Geld genug und wollten ihm gerne etwas bieten. Doch Skikurse in St. Moritz interessierten Tim nicht. Wenn die Seilbahn hochfuhr und er unter sich in die Tiefe blickte, wurde ihm jedes Mal mulmig. Es war keine wirkliche Panik, die ihn befiel, aber ein ungutes Gefühl. Er liebte das flache Land. Die Nordsee. Da, wo der höchste Berg keine acht Meter hoch war: der künstlich angelegte Deich.

Mit jeder Stufe, die er höher stieg, krallten sich seine Finger fester um die Haltegriffe. Hoffentlich war keins von den Dingern locker. Am liebsten wäre er wieder runtergeklettert, aber er hatte das Gefühl, dass er Klaus Sträußen jetzt nicht im Stich lassen durfte.

Endlich war er oben bei Klaus. „Hey, was machst du da? Was ist mit dir? Bist du krank?"

Klaus schien ihn nicht zu hören. Ganz in sich selbst versunken stand er oben und klammerte sich an der Seitenabsicherung fest. Sein Kinn zitterte. Seine Lippen bebten.

Tim kletterte jetzt ebenfalls auf die Plattform. Nun, da er Klaus so nah war und selbst den Anflug von Höhenangst spürte, wusste Tim es ganz genau: Klaus Sträußen hatte Angst. Schreckliche Angst sogar. Er stand am Rand und sah nach unten. Sein Körper schwankte.

Tim riskierte von seinem Platz aus ebenfalls einen kurzen Blick nach unten. Von hier oben sah das Wasser nicht

blau aus, sondern auf eine giftige Weise grün. Es musste
am Spiegelbild der Wiesen liegen, an den Algen auf den
Fliesen oder am Chlor. Vielleicht an allem zusammen. Tim
schüttelte sich. Er stellte sich vor, ein Stückchen Fleisch
nach unten zu werfen, und es würde zersetzt werden wie ₅
in einer blubbernden Säure im Chemieunterricht.

Tim traute sich längst nicht so weit vor wie Klaus. Er
hielt sich gut fest und sagte so locker und spaßig wie möglich: „Niemand ist verpflichtet, hier runterzuspringen.
Eigentlich ist das nur was für angehende Kampfpiloten, ₁₀
Fallschirmspringer und solche Typen. Also, wenn du mich
fragst, ich spiele lieber Schach ...“

Aber Klaus drehte sich nicht nach Tim um. Er reagierte
überhaupt nicht. Tim versuchte, sich mit der rechten Hand
weiter festzuhalten und dabei näher an Klaus heranzukom- ₁₅
men. Er streckte seinen linken Arm aus, erreichte Klaus
aber nicht. Es fehlte noch gut ein halber Meter. Tim musste die Stange loslassen. Er schluckte, nahm seinen ganzen
Mut zusammen und konzentrierte sich auf den Hinterkopf
und die Schultern von Klaus, um ja nicht in die Tiefe sehen ₂₀
zu müssen. Dann berührte Tim Klaus Sträußens Schulter.

Der zuckte zusammen, wirbelte herum und brüllte:
„Hau ab! Lass mich in Ruhe!“

Tim sprang einen Schritt nach hinten, bis er mit dem
Rücken die Absperrungsstange spürte. Er klammerte sich ₂₅
sofort wieder fest und sagte: „Hey, hey, schon gut. Ich wollte dich nicht runterschubsen. Du siehst nicht gerade aus,
als ob dir das hier großen Spaß machen würde. Was hältst
du davon, wenn wir beide jetzt wieder runtergehen und ich
geb uns unten ein Eis aus?“   ₃₀

„Behalt dein Scheiß-Eis! Lass mich in Ruhe! – Willst
du vor mir springen?“, fragte Klaus Sträußen und machte
eine einladende Geste. Tim wurde sofort klar, dass Klaus

ihn nur loswerden wollte. Gleichzeitig wusste er, dass er keineswegs hier herunterspringen würde. Oh nein. Alles, aber nicht das.

Tim schüttelte den Kopf. Jetzt, da er Klaus ganz aus der Nähe sah, konnte er erkennen, dass sein Gesicht schweißnass war. Vielleicht waren das vorhin auch keine Tränen gewesen, sondern bloß Schweiß. Vielleicht hatte er sich irgendeinen Mist eingeschmissen, der ihm das Wasser aus den Poren trieb und ihm weismachte, er könne fliegen.

„Was ist? Willst du nicht springen?", fuhr Klaus ihn an.

Tim schüttelte den Kopf. „Nein, das will ich nicht."

„Und warum bitte bist du dann hier hochgeklettert? Was willst du hier?"

„Ich ... ich dachte, du sahst so aus, als ob ..."

Klaus Sträußen ging auf Tim zu. Für einen Moment hatte Tim den Eindruck, als wolle Klaus von ihm in den Arm genommen werden, aber dann drehte er Tim plötzlich den Rücken zu und rannte schreiend auf den Rand des Sprungturms zu. Schlagartig begriff Tim: Klaus hatte nur Anlauf genommen. Mit weit ausgebreiteten Armen und weit gespreizten Beinen stürzte er nach unten.

Der Fall schien endlos. Klaus wedelte mit Armen und Beinen. Es sah aus, als würde er in der Luft nach etwas greifen, um sich daran festhalten zu können. Sein Körper drehte sich einmal um sich selbst. Er versuchte, die Beine an den Körper zu ziehen, es gelang ihm aber nicht mehr. Hart klatschte er mit Brust, Bauch und Gesicht auf die grünlichblaue Wasseroberfläche. Es spritzte bis weit über den Beckenrand.

Tim wollte jetzt nur eins: so schnell wie möglich vom Sprungturm verschwinden. Nun erst registrierte er, wie viele Blicke auf ihn gerichtet waren. Einige lachten über ihn, andere zeigten nach oben und forderten ihn mit spöttischen Rufen auf, einen Salto zu machen.

Unbeeindruckt von all dem kletterte Tim einfach die Leiter wieder herunter. Vorsichtig tastete er sich Stufe um Stufe nach unten. Das Gelächter nahm er in Kauf. Er kam sich ein bisschen blöd vor. Denen, die jetzt über ihn lachten, rief er zu: „Geht doch selber rauf! Von oben sieht es wesentlich höher aus als von unten, ihr Knalltüten!"

Klaus Sträußen kletterte mit knallrotem Oberkörper aus dem Wasser und rannte zur Decke seiner Schwester. Dort rollte er sich in ein Handtuch ein und griff sich sein Handy. Er weinte und zitterte. Sein Bauch und sein Gesicht brannten wie Feuer.

Inga fragte ihn, was geschehen war. Liebevoll fuhr sie ihrem Bruder durch die Haare. Doch Klaus sprang gleich wieder auf und rannte zur Jungentoilette. Dort übergab er sich.

Kapitel 2

Inga cremte sich gerade die Beine ein, als Tims Schatten auf sie fiel. Sie sah genervt zu ihm hoch, aber als sie ihn erkannte, lächelte sie. „Ich dachte schon, du bist auch einer von diesen dämlichen Typen, die mich dauernd blöd anmachen. Ich zieh diesen Bikini nie wieder an, das sag ich dir! Irgendwie drehen alle Jungs durch, seitdem ich das Ding trage."

„Du hast aber auch einen merkwürdigen Geschmack", sagte Tim. „Sieht ein bisschen aus, als wolltest du dich bei *Baywatch* um die Hauptrolle bewerben."

Inga warf ihre Haare zurück und stöhnte: „Den hat

mein kleiner Bruder mir zum Geburtstag geschenkt. Sonst
hätte ich ihn gar nicht angezogen. Aber ich wollte Klaus
nicht beleidigen. Immerhin hat er die richtige Größe aus-
gesucht, und billig war das Teil bestimmt nicht. Aber den
trage ich heute zum ersten und zum letzten Mal."

Inga hatte eine sehr zarte Haut. Wenn sie sich nicht
ständig mit Sonnenschutzcreme mit hohem Lichtschutzfak-
tor einrieb, wurde sie rot wie ein Krebs in kochendem Wasser. Ihre Haare waren fast so blond wie die von Tim, aber
nicht ganz so lang. Sie beneidete ihn um seine natürlichen
Locken, die ihn ein bisschen engelhaft aussehen ließen.

Sie selbst sah ihrem Bruder ähnlich. Sie hatte eine spitze Nase und ein schmales Kinn. Ihre Ohren kamen ihr zu
klein vor, und sie war froh, sie unter ihren Haaren verstecken zu können. Tims abstehende Ohren gefielen ihr dagegen sehr gut.

„Was ist mit deinem Bruder los?", fragte Tim und setzte
sich ans untere Ende der Decke. Inga hatte nichts dagegen
und machte ihm ein bisschen Platz.

Schade, dachte sie, er ist also wegen meinem Bruder gekommen und nicht meinetwegen. Sie antwortete so gleich-
gültig wie möglich: „Keine Ahnung. Der hat eine SMS ge-
kriegt und dann ist er aufgesprungen und weggelaufen."

„Hast du denn gar nicht gesehen, dass er vom Zehner
gesprungen ist?"

Inga schüttelte den Kopf und lachte: „Soll das ein
Scherz sein? Mein Bruder hat schon Schiss, vom Dreier zu
springen."

„Wo ist er denn jetzt? Er hat eine Bauchlandung gemacht."

Tim blieb noch eine Weile auf Ingas Decke sitzen, um
auf Klaus zu warten. Aber der kam nicht von der Toilette
zurück. Inga machte demonstrative Verrenkungen bei den

Versuchen, sich den Rücken einzucremen. Sie wartete auf
ein Angebot von Tim, aber das kam nicht.

Schließlich fragte sie: „Würdest du mir mal den Rücken eincremen?"

„Klar." Tim griff nach dem Sonnenöl.   5

Inga streckte sich lang auf der Decke aus und bat Tim,
auch den Verschluss von ihrem Bikinioberteil zu öffnen,
denn es sollte keine ungeschützte Stelle Haut zurückbleiben.

Kapitel 3

Doro Mayer hatte noch im Computerladen ihrer Eltern
aushelfen müssen und kam deshalb erst jetzt ins Stadion-   10
bad. Sie trug den Badeanzug schon unter Jeans und T-Shirt,
sodass sie sich schnell auf der Wiese entblättern konnte.
Sie ließ ihren Blick schweifen und suchte Tim. An der ge-
wohnten Stelle beim Sprungturm sah sie zwar seine Decke
mit den Initialen TS und dem unumgänglichen Familien-   15
wappen, aber Tim fand sie nicht.

Doro musste grinsen. Tim war der einzige Junge, den
sie kannte, der Stofftaschentücher mit Familienwappen
und Initialen benutzte. Sie waren auch in seine Hemden
gestickt, und Doro war bereit, jede Wette einzugehen, dass   20
er die Initialen TS auch auf der Unterwäsche trug.

Da entdeckte sie Tim auf der Decke von Inga Sträußen,
hingebungsvoll damit beschäftigt, Inga den Rücken einzucremen. Doro spürte einen eifersüchtigen Stich in ihrer
Brust und ihr Magen zog sich zusammen. Sie überlegte, ob   25
sie zu den beiden gehen sollte oder ob es besser wäre, sich
demonstrativ ganz woandershin zu legen. Dann entschied
sie sich, zu Ingas Decke zu gehen.

„Hallo, ihr zwei", sagte sie mit leichtem Spott in der Stimme. „Stör ich?"

„Nee, überhaupt nicht. Leg dich doch zu uns", giftete Inga zurück und lächelte dabei freundlich.

Tim schenkte den Zickigkeiten der beiden wenig Aufmerksamkeit. Er war noch ganz mit der Situation gerade eben oben auf dem Sprungbrett beschäftigt und fragte sich, wie es Klaus jetzt ginge.

Komisch, dachte Tim, der kriegt eine SMS, rennt zum Zehnerturm und springt herunter. Ob das eine Wette war? Und wieso schenkt einer seiner Schwester so einen bescheuerten Bikini zum Geburtstag?

„Wenn es dir nichts ausmacht, könntest du mir die Beine auch noch eincremen", flötete Inga.

„Hm, kein Problem", sagte Tim und begann gleich.

Doro pellte sich neben ihm aus ihrer Jeans. „Wenn du bei ihr fertig bist, kannst du bei mir gleich weitermachen, Tim."

Doro warf Tim ihre Sonnenmilch so zu, dass die Flasche auf Ingas Rücken klatschte. „Oh, Verzeihung", entschuldigte sie sich überschwänglich. „Aber du kannst gerne auch was von meinem Sonnenschutzmittel bekommen, Inga. Dein Zeug taugt nämlich nichts. Ich bin dagegen allergisch. Ich krieg davon Ausschlag. Du nicht?"

In diesem Moment kam Klaus, in sein Handtuch gewickelt, von der Toilette zurück. Mit der Linken hielt er das Handtuch fest, mit der Rechten das Handy. Das Handtuch verdeckte seinen roten Bauch. Aber sein Gesicht konnte er schlecht verbergen.

„Herrje", sagte Doro, „wie siehst du denn aus, Klaus? Hast du etwa die Sonnenschutzcreme von deiner Schwester benutzt? Dein Gesicht ist ja feuerrot."

Klaus schüttelte nur den Kopf und presste die Lippen fest zusammen.

Doro hakte noch mal nach: „Oder hast du dich gar nicht eingecremt? Du hast bestimmt einen Sonnenbrand!"

Klaus griff nach seiner Tasche. „Inga, ich geh schon nach Hause. Ich hab keine Lust mehr. Außerdem ist mir ein bisschen schlecht."

Als er sich bückte, um nach der Tasche zu greifen, konnte Tim seinen säuerlichen Atem riechen. Ob er sich übergeben hatte?

Doro breitete ihre Decke aus und legte sich darauf. „Ich wär dann jetzt so weit, Tim", sagte sie und reckte sich.

Klaus ging mit seiner Tasche und seinen Sachen zur Umkleidekabine. Normalerweise zog er sich einfach auf der Wiese um, aber heute nicht. Tim hörte noch, wie Klaus' Handy piepste: Er hatte eine neue SMS bekommen.

Tim merkte, dass er merkwürdig zornig auf Inga wurde. Interessierte sie sich denn gar nicht für ihren Bruder? War es ihr egal, ob der jetzt nach Hause ging oder nicht? Ob ihm schlecht war oder nicht? Und warum er vom Zehnmeterturm gesprungen war?

Ist sie eine gefühlskalte Kuh oder stimmt mit mir was nicht?, fragte sich Tim. Mische ich mich seit der Sache mit Kai Lichte zu sehr in anderer Leute Dinge ein? Vielleicht geht mich das alles hier ja überhaupt nichts an.

„Ich warte", sagte Doro. „Dauerts noch lange? Vielleicht sollte ich ja jemand anderen fragen, ob er mir den Rücken eincremt. Ich möchte ungern mit einem Sonnenbrand nach Hause kommen."

„Ich bin ja schon da", maulte Tim. Er rieb Doros Rücken mechanisch ein, völlig unbeteiligt. Dabei sah er hinter Klaus her. Garantiert hat er sich übergeben, dachte Tim. Klaus verschwand in der Umkleidekabine.

„Nicht so grob", bat Doro und schüttelte sich.

„Entschuldigung." Tim bemühte sich um sanftere Striche. Inga grinste in sich hinein. Sie ließ ihre Fingerspitzen über die Decke hüpfen, als ob sie auf einem unsichtbaren Klavier klimpern würde. Nur sie hörte im Kopf die Melodie. Es war ein Lovesong.

Kapitel 4

Minuten später stand Klaus in einer langen Schlange an der Eisbude. Das heißt, eigentlich war es gar keine richtige Schlange, sondern ein unübersichtliches Gedrängel.

Jan Silber verdiente sich im Sommer hier im Schwimmbadkiosk stundenweise ein paar Euro. Jeder Schüler von der Hans-Bödecker-Schule glaubte, dadurch einen Vorteil zu haben. Plötzlich hatte Jan jede Menge Freunde. Sie riefen: „Hey, Jan! Ein Eis! Erdbeer-Stracciatella und doppelt Sahne bitte!", obwohl sie noch gar nicht dran waren. Einige ganz Freche hofften sogar, von ihm eine Kugel umsonst zu bekommen.

Jans rechte Hand tat schon weh, weil er die Schere vom Kugelformer jedes Mal zusammendrücken musste. In der Bude war die Luft stickig. Mit neidischen Blicken sah er Tim da draußen liegen, der so etwas nicht nötig hatte.

Das ist eben der Unterschied zwischen seinem reichen Elternhaus und meinem, dachte Jan grimmig. Er mochte Tim. Aber manchmal wünschte er sich, mit ihm zu tauschen. Er hätte auch gern in einer Villa in Marienburg gewohnt und Eltern gehabt, die nie zu Hause waren, weil sie kreuz und quer in der Welt herumflogen. Besser als seine eigenen, die jeden Abend pünktlich vor dem Fernseher saßen und nur darauf warteten, dass er nach Hause kam, um an ihm herumzunörgeln.

Er reichte einem Mädchen eine Waffel mit vier Kugeln Eis und Sahne obendrauf. Der Verkaufswagen war so voll gestopft, dass Jan sich jedes Mal stieß, wenn er eine unbedachte Bewegung machte. Er wuchtete die Kisten mit den leeren Flaschen nach draußen, damit sie ihm nicht mehr im Weg waren.

Mitten in dem Gedränge sah er Klaus Sträußen. Entweder hatte der einen schrecklichen Sonnenbrand im Gesicht oder er war gegen irgendetwas allergisch. Außerdem wirkte er wie jemand, der Angst hatte.

Zunächst ließ Klaus sich herumschubsen. So kommst du nie dran, dachte Jan und wollte dem Klassensprecher der 5 c schon behilflich sein, aber da riss Klaus der Geduldsfaden. Er benutzte seine Ellbogen und arbeitete sich nach vorne durch.

„Zwei Spaghettieis zum Mitnehmen und eine Packung Camel ohne", bestellte Klaus.

Spaghettieis. Auch das noch, dachte Jan. Er fand es furchtbar anstrengend, das Vanilleeis durchs Sieb zu drücken, damit diese nudelgleichen Fäden herauskamen. Aber er machte es, ohne zu klagen, und reichte zwei Spaghettieis und die Zigaretten an Klaus Sträußen weiter. Der gab ihm dafür einen Zwanzig-Euro-Schein.

Fast wäre Klaus verschwunden, ohne das Wechselgeld mitzunehmen, so eilig hatte er es plötzlich, doch Jan rief hinter ihm her: „He, Klaus! Ist der Rest Trinkgeld, oder was?"

Sofort kehrte Klaus noch einmal um, steckte das restliche Geld ein und rannte dann, die zwei Spaghettieis vor sich her balancierend, zum entgegengesetzten Ende des Schwimmbads, wo Yogi aus der Klasse 10 mit seiner Freundin auf einer Decke lag. Dabei schützte er das Eis mit seinem Körper vor der Sonne, damit es nicht zu schnell schmolz.

Trotzdem wurde er von Yogi angefahren: „Was hast du

dir denn da für einen Mist andrehen lassen?! Da ist ja viel
zu wenig Erdbeersoße drauf!"

Seine Freundin Marie Metzmacher löffelte gleich los:
„Also, mir schmeckts." Aber Yogi schnippte unzufrieden
mit den Fingern.

Klaus stand herum und wusste nicht, was er meinte.
„Was denn? Ich hab alles geholt: die Zigaretten, zwei Spaghettieis ..."

Yogi verzog den Mund. „Ein Löffel. Wie blöd bist du eigentlich? Da fehlt ein Löffel!"

Klaus musste ihn auf dem Weg verloren haben. Vielleicht hatte Jan Silber auch vergessen, einen zweiten Löffel
dazuzulegen. Jedenfalls fehlte einer.

„Ich beeil mich!", versicherte Klaus und rannte los. Als
er an der Eisbude ankam, war das Gedränge dort noch größer geworden.

„Ein Löffel!", schrie Klaus von ganz hinten. „Ich brauch
noch einen Löffel!"

„Ey, ey, ey, warte mal schön, bis du dran bist!"

„Ich war schon dran. Das Spaghettieis schmilzt! Jan,
bitte, schmeiß mir einen Löffel rüber!"

Jan kam sowieso nicht mit den Bestellungen nach. Er
wechselte zwei leere Eisbehälter gegen zwei volle aus. Erd-
beer und Zitrone liefen heute wie verrückt. Dafür blieb er
auf Haselnuss und Panna Cotta hängen.

Jan war es gewöhnt, dass sich Leute vordrängten und
vor der Verkaufstheke ein chaotisches Gerangel stattfand.
Aber so energisch wie Klaus Sträußen hatte sich heute noch
keiner den Weg gebahnt. Zwei Kleine schubste er um. Eine
Limoflasche knallte auf den Boden und zersprang. Einer
von den Kleinen fing an zu heulen.

Unwillig fuhr Jan Klaus an: „Hast du sie nicht mehr alle?"

Klaus hörte nicht auf Jan. Er sprang hoch, beugte sich

weit über die Verkaufstheke und nahm sich selbst einen
Löffel aus der bunten Kiste. Dann stürmte er zurück.

Steffi Ludwig aus der 6 a reichte eine ganze Plastiktüte
voller leerer Flaschen über die Theke: „Hab ich aufgesammelt", strahlte sie. „Drei Euro fünfzig Pfand!" Sie reckte
Jan die offene Hand entgegen.

„Willst du dafür Eis oder 'ne Cola?", fragte Jan.

Steffi schüttelte den Kopf. „Nee. Einfach nur die Kohle."
Es war die dritte Ladung Pfandflaschen, die sie heute ablie-
ferte. Jan kannte das. Einige Kinder suchten das ganze Freibad nach Pfandflaschen ab. Damit finanzierten sie sich eine
Currywurst oder ein Eis. Manche durchsuchten auch die Pa-
pierkörbe nach leeren Flaschen. Heute hatte Jan schon mindestens vierzig Euro ausbezahlt. Gestern und vorgestern
war es noch mehr gewesen.

Von weitem beobachtete Tim die Szene, konnte das
alles aber nicht richtig deuten. Gerade war Klaus noch
schlecht gewesen, jetzt holte er ein Eis, hatte wohl etwas
vergessen, rannte wie verrückt hin und her.

„Irgend jemand", vermutete Tim, „verkauft deinem
kleinen Bruder Drogen."

Inga verschränkte die Arme hinter ihrem Rücken, um
ihr Bikinioberteil zu schließen. Dann richtete sie sich auf
und sah Tim an.

Tim rieb gerade die weißen Oberschenkel von Doro mit
Sonnenmilch ein. Es passte Doro überhaupt nicht, dass die
beiden sich unterhielten. Tim sollte sich mit ihr beschäftigen, während er sie eincremte, fand sie.

„Seid ihr jetzt unsere Schulpolizisten, oder was?", fuhr
Inga Tim an.

Das gefiel Doro. Sollten die beiden sich doch zanken.

„Scheinbar macht er sich mehr Sorgen um deinen kleinen Bruder als du", stichelte Doro.

„Der nimmt keine Drogen!", verteidigte Inga sich. „Der trinkt noch nicht mal schwarzen Tee, Mensch. Er raucht auch nicht, er isst höchstens ein bisschen zu viel Schokolade."

Kapitel 5

Geradezu anklagend hielt Yogi seinen Spaghettieisbecher hoch, damit Klaus hineingucken konnte.

Marie war schon fast fertig mit ihrem. Sie verrührte noch die restliche Sahne mit dem Vanilleeis und der roten Soße.

„Du bist echt der letzte Versager", schimpfte Yogi. „Guck dir das an! Es ist alles schon fast geschmolzen!" Dann warf er Klaus den Becher vor die Füße. Etwas von dem geschmolzenen Eis schwappte heraus auf Klaus' rechtes Hosenbein.

„Den Mist kannst du jetzt selber essen."

Klaus schüttelte den Kopf. „Mir ist schlecht."

„Mir wird auch schlecht, wenn ich sehe, wie du dastehst. Jetzt iss das Eis auf und dann kannst du gleich deinen Sprung noch mal machen."

Dieser Satz traf Klaus wie ein Tiefschlag. Er sackte zusammen. Ihm wurde schwindelig und er setzte sich vor dem Eisbecher auf die Wiese.

Yogi hob die Arme hoch und ließ sie wieder fallen, als ob es ihm Leid täte. „Die Aufnahme ist einfach nichts geworden. Du bist zu schnell gesprungen. Ich hatte das Gerät noch gar nicht eingeschaltet. Beim nächsten Mal gehst du erst ganz an den Rand, da bleibst du ein paar Sekunden stehen und ..."

„Ich ... ich hab mir verdammt wehgetan. Ich hab eine Bauchlandung gemacht."

Yogi nickte. „Ja, man siehts. Auch im Gesicht. Du siehst echt scheiße aus, Mann. Pass auf, dass du diesmal keine Arschbombe machst, sonst platzt dir die Badehose."

Yogi konnte über seinen eigenen Witz laut lachen. Klaus nicht. Yogi sah zu Marie. Auch sie lachte nicht, sondern rührte immer noch in ihrem Eisbecher herum. Yogi klatschte ihr fröhlich zwischen die Schulterblätter. Jetzt entschied sie sich, seinen Witz auch komisch zu finden, und lachte mit.

„Ja, eine Arschbombe, das ist überhaupt die Idee! Du solltest eine Arschbombe machen!", freute er sich über seinen eigenen Einfall.

„Lieber nicht, sonst platzt seine Hose", warf Marie ein. Damit brachte sie Yogi auf eine neue Idee.

„Na klar! Jetzt hab ich's! Wenn du oben bist, ziehst du deine Badehose aus, setzt sie dir auf den Kopf und dann legst du eine 1-a-Arschbombe hin. Kapiert?"

Klaus starrte Yogi an. Er sah es genau: Der meinte das ernst.

Zur Bestätigung nickte Yogi noch einmal und freute sich jetzt schon auf die Show.

Kapitel 6

Inga fand, dass Tim Doros Beine jetzt lange genug eingerieben hatte. „Wenn du so weitermachst, wird sie noch wund", spottete sie. „Außerdem, guck dir mal meinen kleinen Bruder an, Herr Rauschgiftfahnder. Der ist nicht drogensüchtig. Der sitzt da hinten bei seinen Freunden und isst mit denen ein Eis."

„Sollen wir nicht lieber zu deiner Decke gehen, Tim?", fragte Doro. „Hier ist sowieso gleich Schatten."

„Also, ich find Schatten gut", warf Inga ein.

„Ja, aber ich möchte in die Sonne. Ich bin doch gerade erst gekommen. Für Inga ist es sowieso besser, wenn sie im Schatten bleibt. Sie holt sich sonst einen Sonnenbrand."

Da reichte es Tim. „Ihr geht mir so was von auf die Nerven!", schrie er. „Alleine seid ihr beide echt in Ordnung, aber sobald ihr zusammen seid ... Wenn ihr so weitermacht, leg ich mich ganz woanders hin."

„Ach, interessierst du dich jetzt nicht mehr für mich, bloß weil mein Bruder nicht rauschgiftsüchtig ist? War das Ganze hier kein Flirt, sondern eher ein Verhör, Herr Kommissar?"

Darauf sagte Tim nichts mehr. Wütend ging er zu seiner Decke zurück. Doro nahm ihre Sachen und folgte ihm.

Als Tim am Sprungbecken ankam und hochsah, traute er seinen Augen nicht. Oben auf dem Zehnmeterturm stand Klaus Sträußen ganz allein. Er zog seine Badehose aus, setzte sie sich auf den Kopf und sprang. Er versuchte eine Arschbombe. Die verunglückte aber, und Klaus knallte mit seinem Rücken auf die Wasseroberfläche.

„Wenn der nicht auf Droge ist, darfst du mich ab morgen Hedwig nennen", sagte Tim.

„Hedwig? Wer ist das denn?", fragte Doro.

„Meine Oma. Und die nimmt garantiert keine Drogen."

Schon tauchte Klaus' Kopf auf. Klaus sah sich um. Er suchte seine Badehose. Beim Sprung hatte er sie vom Kopf verloren. Ein paar Meter von ihm entfernt trudelte sie auf den Grund des Sprungbeckens.

Das Becken war fünf Meter tief. Klaus musste lange tauchen, bis er sie endlich zu fassen bekam. Er zog sie noch unter Wasser an und tauchte auf.

Tim wollte zu Klaus und ihn fragen, warum er das getan hatte. Aber Klaus wich Tim aus. Er rannte weg, so schnell er konnte.

Kapitel 7

Lina Grün schaute sich die Szene auf der DVD zum fünften Mal an. Andere Kinder sahen ihre Mutter jeden Morgen beim Frühstück. Lina bekam manchmal verwackelte DVDs von Theateraufführungen ihrer Mutter.

Diesmal musste der Kameramann betrunken oder einfach nur besonders schlecht gewesen sein. Jedenfalls bekam sie beim Zugucken das Gefühl, auf einem schwankenden Schiff zu stehen. Es gab nur eine Szene, die wirklich interessant für Lina war: Darin lag ihre Mutter in den Armen eines Piraten, der sie mit Degen und Pistole aus der Gefangenschaft des grausamen Königs befreit hatte. Nun küssten sich die beiden.

Lina wurde ganz anders dabei. Sie hatte schon oft gesehen, wie ihre Mutter Männer küsste, meistens auf der Bühne, zweimal im Fernsehen. Einmal war ihre Mutter dabei völlig nackt gewesen, was für einige von Linas Klassenkameraden lange Anlass gewesen war, Lina zu verspotten.

Doch dieser Kuss da war anders. Entweder war ihre Mutter in der letzten Zeit einfach zu einer besseren Schauspielerin geworden oder aber dieser Kuss da war echt. Hatte sie sich etwa in den Typen verliebt?

Lina sah ihre Mutter schon beim nächsten Treffen zusammen mit ihrem neuen Lover. Sie nahm sich vor, im Abspann auf seinen Namen zu achten. Da klingelte das Telefon.

Linas Opa, Günter Grün, ignorierte das Läuten. Als ehemaliger Kriminalkommissar liebte er Kriminalromane. Gerade war er wieder in einen vertieft. Er fragte sich dabei immer: Wie hätte ich es gemacht?, und kreuzte sich die Seite an, auf der er wusste, wer der Mörder war, oder es zumindest zum ersten Mal ahnte. Nicht immer lag er dabei richtig. Diese modernen Autoren tricksten ihre Leser aus. Legten Fehlspuren geschickter als jeder Kriminelle, mochten es, dem Leser lange Zeit den falschen Täter zu präsentieren.

Während seiner Dienstzeit hatte ihn das Telefon aus vielen angenehmen Situationen herausgerissen. Er war immer drangegangen, selbst nachts. Jetzt, nach seiner Pensionierung, rächte er sich. Er ließ es einfach läuten.

Lina seufzte, stoppte die Szene und ging zum Apparat. Sie kannte die Nummer auf dem Display nicht. Der Anruf musste aber aus der Stadt kommen. Sie zog das Mobilteil aus der Basisstation und nahm es mit in ihr Zimmer. Dort erst drückte sie den grünen Knopf.

„Ja, hier Lina Grün."

Die Frau am anderen Ende der Leitung war ziemlich sauer. Ihre Stimme bebte geradezu vor Wut. Sie sprach von einer bodenlosen Frechheit und Unverschämtheit und dass es so nicht weiterginge.

„Mein Name ist Lina Grün. Haben Sie sich vielleicht verwählt?"

„Nein, nein. Genau mit dir wollte ich sprechen. Ich bin Marianne Sträußen. Die Mutter von Klaus Sträußen. Wie lange gibst du meinem Sohn eigentlich schon Nachhilfestunden?"

Lina schluckte: „Was wollen Sie überhaupt von mir?"

Die aufgebrachte Frau Sträußen schimpfte weiter: „Und wie viel hast du in der Zeit dafür bekommen? Glaubt ihr, ihr könnt mich ewig so reinlegen?"

„Ich weiß gar nicht, wovon Sie reden, Frau Sträußen.‟

Frau Sträußen holte tief Luft, versuchte, ihre Stimme unter Kontrolle zu bekommen, und fuhr dann energisch fort: „Seit mindestens drei Monaten gibst du meinem Sohn Nachhilfestunden. Zweimal die Woche zehn Euro. Er ist aber kein bisschen besser geworden, nur zu deiner Information, er steht in Mathe immer noch glatt Fünf. Außerdem weiß ich inzwischen, dass ihr mich belügt! Wenn er angeblich bei dir war, habt ihr euch in Wirklichkeit in der Innenstadt rumgetrieben. Ihr seid in der Zeit alleine dreimal im Cinedom gesehen worden! Es nützt nichts zu leugnen. Meine Freundin arbeitet dort seit einiger Zeit an der Kasse. Sie hat euch gesehen. Ihr habt euch einfach das Geld geteilt und seid damit ins Kino gegangen, stimmts?‟

Linas Mund wurde trocken. In ihrer Situation sagten Helden im Film normalerweise: „Ich sage nichts mehr ohne meinen Anwalt.‟ Aber damit hätte sie Frau Sträußen nur noch wütender gemacht.

Sollte sie einfach die Wahrheit sagen? – Ich habe Ihrem Sohn nur zwei Nachhilfestunden gegeben, und die umsonst? – Damit wäre sie selbst vermutlich fein raus gewesen, aber Klaus würde große Probleme bekommen.

Lina fand, dass er sie ganz schön benutzt hatte und dass sie sich durch ihn in einer schwierigen Lage befand. Trotzdem wollte sie ihn nicht so einfach verraten.

„Na, hat es dir die Sprache verschlagen? Auf jeden Fall ist jetzt Schluss damit! Ich bin doch keine Kuh, die man pausenlos melken kann. Sei froh, wenn du mir das Geld nicht zurückzahlen musst!‟ Frau Sträußen legte auf. Eine Weile stand Lina in ihrem Zimmer und hielt unschlüssig das Telefon in der Hand. Zweimal pro Woche zehn Euro, das sind ja achtzig Euro pro Monat, dachte sie. Was hat Klaus mit so viel Geld gemacht? Auf jeden Fall hat er sich nichts dafür gekauft, worum er auch seine Eltern hätte bitten können.

Lina überlegte, ob sie die Sache mit ihrem Großvater besprechen sollte. Mit Opa Grün konnte man fast über alles reden. Er war so eine Art Fels in der Brandung. Und er stand immer auf ihrer Seite, das wusste Lina. Selbst wenn sie mal Mist gebaut hatte.

Diesmal war sie ja völlig unschuldig. Aber sie fühlte sich nicht so. Es war, als hätte sie etwas falsch gemacht. Sie konnte aber nicht sagen, was.

Sie brachte das Telefon zur Basis zurück und sah ihren Opa in seinem Ohrensessel sitzen, in der Hand ein schwarzes Taschenbuch. Die Lesebrille hing tief auf seiner Nase. Es sah aus, als hätte er die Augen geschlossen, aber das stimmte nicht. Er las aufmerksam. Das Buch locker in der rechten Hand, trommelte er mit den Fingern der linken auf die Sessellehne. Das tat er, wenn Stellen im Buch sich wiederholten, ihn langweilten oder die Handlung einfach nicht schnell genug voranging.

Jetzt wurden seine Finger ruhig. Die Spannung hatte ihn wieder gepackt. Lina schätzte, dass er noch gut dreißig Seiten lesen musste, bis der Mörder endlich gefasst war. In den meisten Krimis wurde der Täter ja erst auf den letzten Seiten überführt.

Sie beschloss, ihren Großvater nicht zu stören. Sie ging in ihr Zimmer zurück und sah sich noch einmal die DVD mit ihrer knutschenden Mama an. Der Pirat gefiel Lina.

Kapitel 8

Jan Silber zählte die Tageseinnahmen, um dem Chef die Kasse übergeben zu können. Aber zu Jans Erstaunen erschien der Chef nicht alleine. Frederico Oliverio, der für einen Italiener sehr hochgewachsen war und wegen seiner langen Nase gern Pinocchio genannt wurde, brachte zwei Polizeibeamte mit. Er hatte Anzeige gegen Jan wegen Unterschlagung erstattet!

Oliverio drehte voll auf: „Seit diese Junge hier arbeitet, fehlen jede Tag Geld in der Kasse. Ware ist weg, aber Umsatz stimmen nicht."

Empört hob Jan die Hände: „Hey, hey! Moment mal! Ich racker mich hier jeden Tag in der Bullenhitze für fünf Euro die Stunde ab, und jetzt soll ich geklaut haben?"

Frederico Oliverio nickte heftig. Dabei blähten sich seine Nasenflügel auf.

„Du mich bestehlen, jeden Tag! Jetzt in Hochsaison. Ist beste Geschäft von Jahr. Fällt ganz leicht. Der steckt einfach Geld in Tasche statt in Kasse, und fertig!"

„Das ist gelogen!", schrie Jan. „Gelogen! Ich habe nichts genommen! Gar nichts. Ich habe mir höchstens mal eine Eiskugel reingehauen. Sonst kippt man ja um in der Hitze."

Die beiden Polizisten hießen Herholz und Rehm. Sie sahen sich nur kurz an. Sie gingen schon so lange zusammen auf Streife, dass sie sich mit Blicken verständigen konnten. Sie dachten beide, wie so oft, dasselbe: Das hier brachte überhaupt nichts, es war reine Zeitverschwendung. Aber sie mussten es tun. Anzeige war Anzeige.

Herholz nahm erst mal die Personalien des Jungen auf. Jan Silber. Köln-Mülheim. Graf-Adolf-Str. 113 a. Jan hatte sogar seinen Schülerausweis mit und seine Monatskarte.

„Sie müssen durchsuchen! Der hat Geld bestimmt in

Tasche. Hier immer viel Bargeld!", forderte Frederico Oliverio aufgebracht.

Rehm beruhigte ihn: „Ja, mein Kollege wird gleich eine Leibesvisitation machen."

Frederico Oliverio guckte, als ob er das Wort Leibesvisitation nicht verstehen würde. Rehm übersetzte: „Tasche durchsuchen. Du verstehen?"

Frederico Oliverio kannte diesen Tonfall. Er fühlte, dass Rehm ihn nicht ernst nahm, sondern verspottete.

Herholz sah sich den Schülerausweis an. Er drehte ihn in der Hand.

„Hast du was dagegen, wenn wir uns mal anschauen, was du in deinen Taschen hast?"

Jan Silber schüttelte den Kopf. Brav packte er alles aus. Zwei zerknüllte Tempotaschentücher. Ein Schweizer Messer mit Lupe, Säge, Zahnstocher und Korkenzieher. Drei Streifen Kaugummi, Pfefferminzgeschmack. Eine alte Kinokarte und drei Euro 62 Cent.

„Ich weiß! Der hat in Unterhose!", behauptete Frederico Oliverio.

Für einen Moment befürchtete Jan, dass er sich jetzt ausziehen sollte. Er war bereit, es zu tun, denn in seiner Unterhose versteckten sich keine Euroscheine. Aber er fragte sich, ob die Polizisten so weit gehen durften.

Herholz räusperte sich. Er tippte auf den Schülerausweis.

„Du bist also dreizehn."

„Hm", sagte Jan vorsichtig.

„Und wie lange arbeitest du hier?"

„Von zwei bis um sieben."

„Wie oft in der Woche?"

„Drei Mal."

„Und hast du eine Lohnsteuerkarte?"

Lohnsteuer-karte
Karte, in die der Arbeitgeber den Lohn und die dafür abge-führten Steuern einträgt

So wie Jan Silber guckte, war Herholz sofort klar: Der Junge wusste nicht mal, was das war.

Herholz sah Rehm an. Rehm lächelte. Jetzt bekam die Geschichte eine andere Wendung.

„Sie wissen schon, Herr Oliverio, dass Ihre Aushilfskraft hier erst dreizehn Jahre alt ist?"

„Fast vierzehn!", warf Jan Silber ein.

„Der hat gesagt, schon älter. Was sollen der Mist? Porco Madonna!", schimpfte Frederico Oliverio und fühlte sich deutlich unwohl in seiner Haut.

„Haben Sie sich die Papiere zeigen lassen? Eine Lohnsteuerkarte?"

Frederico Oliverio wand sich, als sei es ihm in seinem weißen Sweatshirt zu eng geworden. Er holte zu einer großen Geste aus: „ Ah! Der Junge verdient sich ein bisschen Geld für Tasche! Was müssen Deutsche immer alles so kompliziert machen? Ich nix kenne Lohnsteuerkarte. Ich Eisverkäufer. Gelati, du verstehen?"

Herholz fuhr sich mit dem Finger zwischen seinen Hemdkragen und den verschwitzten Hals. Er wollte endlich Feierabend haben, nach Hause fahren, mit seinem Nachbarn Würstchen grillen und ein kühles Bier trinken.

„Ich halte also fest", sagte er, „das ist Kinderarbeit. Sie beschäftigen einen Dreizehnjährigen ohne gültige Papiere. Der Verdacht auf Schwarzarbeit liegt damit nahe."

Rehm zückte Block und Bleistift. „Wir sollten das Jugendamt informieren und das Gewerbeaufsichtsamt."

Jetzt reichte es Frederico Oliverio. „Was das heißen? Der mich beklauen und ich jetzt Schwierigkeiten?"

Rehm nickte. „Eine Ordnungswidrigkeit ist das allemal. Ich glaube nicht, dass man Ihnen den Laden gleich dicht macht. Aber mit einer gesalzenen Geldbuße würde ich an Ihrer Stelle auf jeden Fall rechnen."

Es machte Rehm offensichtlich Spaß, Frederico Oliverio so zu erschrecken.

Frederico Oliverio lächelte gequält: „Sie wollen mich verarschen, häh?"

„Nee", sagte Herholz. „Aber wir lassen uns auch nicht ₅ gerne für dumm verkaufen."

Oliverio guckte völlig fassungslos. Jan Silber wusste nicht, was gerade geschah, aber das Blatt schien sich für ihn zum Guten zu wenden.

„Hör mal zu!", brüllte Rehm jetzt plötzlich Frederico ₁₀ Oliverio an. „Vor knapp zwei Jahren hast du dein Cabrio um den Baum gewickelt. Ich habe den Unfall aufgenommen. Damals hast du noch astreines Deutsch gesprochen. Besser als ich! So ein intellektuelles Gequatsche. Außerdem ..."   ₁₅

Rehm zögerte und dachte nach. Er duzte Frederico Oliverio jetzt nicht mehr, sondern ging fast unmerklich zum Sie über: „Außerdem hatten Sie damals einen französischen Dialekt, wenn ich mich nicht irre."

Er versuchte, Frederico Oliverio aus der Erinnerung ₂₀ nachzumachen: „Oh, Monsieur. Das ist für misch trés relevant. Große Malheur mit meine Auto." Jan begann, seine Sachen wieder in seine Taschen zurückzustopfen.

Frederico Oliverio senkte kurz den Blick. Als er wieder hochsah, glänzten seine Augen freundlich. Er sprach in ₂₅ glasklarem Deutsch: „Entschuldigen Sie bitte, meine Herren, es mag Ihnen so vorkommen, als ob ich Sie verspotten wollte. Das war aber überhaupt nicht meine Absicht."

Herholz hörte nicht richtig zu. Ihn lachten die Lakritzschnecken an. Sie erinnerten ihn an seine Kindheit. Wie ₃₀ lange hatte er keine Lakritzschnecke mehr gegessen? Am liebsten hätte er ins Glas gegriffen. Frederico Oliverio sah das genau.

Wie um es Herholz noch schwerer zu machen, fischte Oliverio sich eine Schnecke heraus und biss hinein. Mit vollem Mund erklärte er dann: „Ich bin in Deutschland geboren. Wir leben hier in der dritten Generation."

„Und was soll dann das dämliche Gequatsche?", fauchte Rehm genervt.

Frederico Oliverio nahm sich noch eine Schnecke und bot jetzt auch den beiden Beamten eine an. Herholz und Rehm schüttelten ablehnend die Köpfe, obwohl Herholz' Hand schon auf halbem Weg war zuzugreifen.

„Ich bin eigentlich Schauspieler. Ich hoffe auf den großen Durchbruch. Deshalb lebe ich in der Filmstadt Köln. Ich melde mich bei jedem großen Casting. Mal will man mich als Italiener mit gebrochenem Deutsch, mal als Franzosen. Ich stelle mich als Germanistikstudent vor, und als Deutschrusse habe ich es auch schon versucht. Soll ich mal vorsprechen?"

„Nein danke", polterte Rehm. „Es reicht."

Frederico Oliverio erinnerte Jan an Lina Grüns Mutter. Die war auch Schauspielerin und probierte ständig neue Rollen aus. Mal sprach sie wie eine Diva, die einen Cocktail bestellt, dann wieder wie eine Marktfrau, die Fisch verkauft. Frederico Oliverio wurde Jan plötzlich viel sympathischer, obwohl er immer noch mächtig sauer auf ihn war, weil er ihn verdächtigt hatte.

Kapitel 9

Rehm und Herholz nahmen Jan mit zu ihrem Polizeiwagen. Sie fanden die Idee nicht gut, Frederico Oliverio und Jan gemeinsam zurückzulassen. Sie boten Jan an, ihn nach Hause zu fahren, doch der lehnte ab: „Wie sieht das denn aus, wenn ich im Polizeiwagen nach Hause komme? Das gibt sofort Ärger."

Rehm schien es zu bedauern, aber er sagte: „Eine Aussage von dir brauchen wir trotzdem noch. Du wirst wohl noch mal zur Wache kommen müssen. Wenn wirklich Geld in der Kasse fehlt, dann werden wir um eine Anzeige nicht herumkommen."

„Müssen meine Eltern das erfahren?"

Rehm nickte. „Du bist dreizehn. Da läuft ohne das Wissen deiner Eltern nichts."

„Sind sie sehr streng?", fragte Herholz.

„Meine Mutter nicht. Mein Vater schon."

Herholz glaubte dem Jungen. Er fand ihn nett.

„Warst du es wirklich nicht?"

„Nein, ich schwöre."

„Weißt du, wer das Geld gestohlen hat – oder glaubst du, unser Schauspieler spielt uns nur etwas vor?"

„Keine Ahnung", sagte Jan.

„War denn außer dir noch jemand in der Eisbude, der die Möglichkeit hatte, in die Kasse zu greifen?"

Jan schluckte. „Nein, ich arbeite da alleine." Aber dann hielt er inne: „Doch, einer. Aber nur ganz kurz."

„Wer denn?"

„Klaus Sträußen. Der Klassensprecher aus der 5 c. Ich habe ihn gebeten, einmal kurz auf die Kasse aufzupassen, weil ich zum Klo musste."

„Wann war das?"

„Gestern Nachmittag."

Rehm verzog den Mund. „Klaus Sträußen. Klassensprecher der 5 c. Wie alt ist der denn?"

„Elf, glaube ich."

Herholz ließ die Schultern hängen. „Elf. Das wird ja immer schöner."

Kapitel 10

Als Klaus Sträußen nach Hause kam, rannte er gleich ins Badezimmer und schloss sich ein. Er riss sich die Kleider vom Körper und pustete über die roten Stellen auf seiner Brust. Die Kühlung tat gut. Am liebsten hätte er in Eiswürfeln gebadet. Sein Gesicht brannte, seine Brust und sein Rücken. Am schlimmsten war es unter dem rechten Oberarm. Das Hautfeuer zog sich hoch bis in die Achselhöhle.

Klaus öffnete voller Hoffnung den Spiegelschrank über dem Waschbecken. Darin bewahrte seine Mutter Medizin auf und Kosmetikartikel. Puder. Gesichtsmilch. Er fand Kopfschmerztabletten, Pulver gegen Fieber, Mineralien für starke Nägel und gegen Haarausfall. Hustentropfen und Nasenspray.

Er nahm die letzten drei Kopfschmerztabletten aus dem Röhrchen mit ein bisschen Wasser ein und hoffte, dass sie nicht nur gegen Kopfschmerzen wirken würden.

Dann entdeckte er ein Rheumagel. *Gegen Gelenkschmerzen*, stand darauf. Es war eine alte Tube, mindestens die Hälfte war aufgebraucht. Die Tube war zerdrückt und der hintere Teil zusammengerollt. Klaus konnte nicht alles lesen, was darauf stand. Aber das Zeug war zum Auftragen auf die Haut und gegen Schmerzen. Er drückte zwei dicke

Würmer aus der Tube in seine Hand und verrieb sie in seinem Gesicht.

Zunächst tat die Kühlung gut. Aber dann wurde sein Gesicht zunehmend heiß. Es brannte jetzt noch schlimmer als vorher. Er drehte den Wasserhahn auf und klatschte ₅ sich den kalten Strahl ins Gesicht.

Es klopfte energisch an der Tür. Seine Mutter.

Auch das noch, dachte er.

„Klausi, was tust du so lange im Bad? Mach auf. Ich muss mir dir reden. Glaub ja nicht, dass du dich da vor mir ₁₀ verstecken kannst. Ich habe ein ernstes Wörtchen mit dir zu reden!"

Klaus wusste nicht, was er tun sollte. So wollte er seiner Mutter nicht unter die Augen treten. Wie sollte er ihr erklären, warum er so aussah? Und sie würde Erklärun- ₁₅ gen verlangen, das war so sicher wie der nächste Sonntagabendkrimi in der ARD.

Noch vor ein paar Wochen hätte Klaus behauptet, er könnte seiner Mutter alles erzählen. Sie glaubte immer noch, dass ihr Sohn keine Geheimnisse vor ihr hatte. Erst ₂₀ vor ein paar Tagen hatte sie vor ihrer Freundin bei einem Stück selbst gebackener Erdbeertorte angegeben: „Meine Kinder brauchen keine Geheimnisse vor mir zu haben. Sie können mir alles sagen, und das wissen sie genau." Aber das stimmte nicht mehr. Inzwischen war viel passiert. ₂₅ Klaus wusste nicht, was bei ihm größer war: Scham oder Angst.

Er öffnete das Badezimmerfenster und kletterte nach draußen. Er wusste nicht, wohin, er wollte einfach nur weg. Auf der Straße angekommen, rannte er los. Der Wind ₃₀ kühlte seine Haut. Doch dann begann Klaus zu schwitzen und alles wurde nur noch schlimmer. Er hoffte, dass die Tabletten endlich wirken würden.

Kapitel 11

Frau Sträußen stand zornig vor der Badezimmertür. „Klaus! Klaus, mach jetzt auf! Das ist nicht mehr witzig. Ich will mit dir sprechen. Antworte mir, Klaus!"

Sie verschränkte die Arme vor der Brust. Was war bloß in den Jungen gefahren? Sie würde hier jedenfalls nicht weggehen, bevor er aus dem Badezimmer herauskam. Na, der konnte was erleben!

Aber je länger sie so stand, umso mehr verflog ihre Wut und wich einer sanften Nachdenklichkeit. Sie klopfte jetzt ganz anders an. Weniger fordernd. Es wurde mehr ein leises Pochen. Sie flüsterte fast: „Klaus ... was ist denn los mit dir? So kenne ich dich ja gar nicht. Ich mach mir Sorgen. Klaus. Klaus?"

Sie drückte ihr rechtes Ohr gegen die Tür und lauschte. Weinte ihr Sohn da im Badezimmer oder bildete sie sich das nur ein? Hatte er wieder eine Mathearbeit vergeigt? Hatte Lina Grün mit ihm gesprochen? Wusste er, dass sie inzwischen Bescheid wusste? Sie ärgerte sich über sich selbst. Sie hätte zuerst mit Klaus reden müssen, dann mit Lina Grün.

„Junge", sagte sie, „nun mach endlich auf. Du kannst doch nicht ewig da drin bleiben. Deine Betrügereien mit den Nachhilfestunden ... Meine Freundin Birgit hat euch im Cinedom gesehen. Ich weiß, dass ihr das Geld eingesteckt habt. Hat diese Lina Grün dich angestiftet? Sag mir einfach die Wahrheit. Dadurch, dass du dich hier einschließt, wird auch nichts besser. Klaus?"

Nichts. Keine Reaktion. Aber dann hörte Marianne Sträußen ein Geräusch. Sie brauchte eine Weile, bis sie es einordnen konnte. Es war das Badezimmerfenster. Der Wind schlug es zu und öffnete es wieder. Sofort war ihre Wut wieder da.

Sie warf sich zweimal gegen die Tür. Das leichte Schloss brach aus. Dann stand Frau Sträußen im Badezimmer. Sie sah den offenen Spiegelschrank. Auf dem Boden lag ein Gel gegen Rheuma. Ein Röhrchen Kopfschmerztabletten rollte durch den plötzlichen Windstoß ins Waschbecken. Klaus ₅ hatte den Schrank nach Medikamenten durchsucht.

Frau Sträußen hatte plötzlich einen schlimmen Verdacht. Sie rannte in die Küche. Fast wäre sie im Flur lang hingefallen, so aufgeregt war sie. Sie zog einen Stuhl heran und stieg darauf. Jetzt erreichte sie mühelos das oberste ₁₀ Regal des hohen Küchenschranks. Hier oben stand ihre Spardose, eine alte Kaffeebüchse.

Marianne Sträußen teilte das Geld für sich und ihre Familie genau ein. Sie ging jede Woche zur Sparkasse und hob immer die gleiche Summe ab. Damit musste sie eine ₁₅ Woche lang auskommen. Es wurde alles davon bestritten. Lebensmittel. Das Taschengeld für die Kinder und für sie selbst.

Manchmal, wenn sie sehr gut gewirtschaftet hatte, blieb am Ende der Woche etwas übrig. Das kam dann in ₂₀ die Kaffeedose. Davon hoffte Frau Sträußen, den nächsten Urlaub bezahlen zu können. Sie wollte wenigstens eine Woche mit den Kindern weg, ohne ihren Exmann anbetteln zu müssen. Der interessierte sich kaum noch für sie und die Kinder. Mit seiner neuen Freundin hatte er ein ₂₅ Baby bekommen, und das war jetzt sein Ein und Alles.

Marianne Sträußen hob die Kaffeedose aus dem Regal. Sie stieg vom Stuhl und öffnete sie. Für einen Moment befürchtete sie, in eine leere Dose zu gucken. Das war aber nicht so. Erleichtert schüttete sie den Inhalt auf den Kü- ₃₀ chentisch. Ein Fünfzig-Cent-Stück rollte auf den Boden.

Sorgfältig zählte sie das Geld. 276 Euro und 82 Cent. Sie verglich die Summe mit dem Zettel. Jedes Mal, wenn sie Geld in die Kaffeedose steckte, vermerkte sie das auf dem Zettel. Sie schrieb das Datum dahinter und wie viel Geld sich jetzt in der Dose befand. Es hätten 326 Euro und 82 Cent sein müssen. Ein Fünfzig-Euro-Schein fehlte. Sie zählte vorsichtshalber noch einmal nach, aber sie ahnte das Ergebnis schon vorher. Es waren nur noch 276 Euro und 82 Cent da.

Marianne Sträußen überlegte, ob sie vielleicht mal fünfzig Euro herausgenommen hatte. Aber sie konnte sich nicht daran erinnern. Außerdem hätte sie es bestimmt auf dem Zettel vermerkt. Sie hatte schon seit einigen Wochen nichts mehr in die Kaffeedose gesteckt. Ziemlich genau, seit Klaus Nachhilfestunden bekam. Sie hatte die achtzig Euro pro Monat vom Haushaltsgeld abgezweigt. Jede Woche zwanzig Euro.

Und was machte ihr Sohn damit? Er verjuxte es im Kino. Sie war erschüttert und empört zugleich.

Dann dachte sie an das Röhrchen mit den Tabletten. Sie lief zurück ins Bad. Es waren keine Tabletten mehr in der Packung. Sie überlegte. Voll war das Röhrchen sicher nicht gewesen. Aber sie hatte keine Ahnung, wie viele Tabletten fehlten. Vor einem halben Jahr hatte sie oft unter Kopfschmerzen gelitten und ab und zu eine Tablette genommen. Vielleicht waren noch zehn Tabletten in dem Röhrchen gewesen. Vielleicht nur noch eine. Sie wusste es einfach nicht.

Klaus hatte noch nie Kopfschmerztabletten genommen. Er war ein gesundes Kind. Vielleicht war die Packung einfach aus dem Glasschrank gefallen. Aber was hatte er überhaupt darin gesucht und wieso hätte sie ein leeres Röhrchen aufbewahren sollen? Nein, sie war sich sicher: Er musste ein Schmerzmittel genommen haben, genauso, wie er ihre fünfzig Euro aus der Urlaubskasse entwendet hatte. Und er war durchs Fenster vor ihr geflohen.

Ihr war zum Heulen zumute. Sie rief ihre Freundin Birgit an.

Kapitel 12

Tim Sommerfeld saß mit seiner Oma Hedwig auf der Veranda an der Westseite. Seine Oma liebte die Abendsonne. Sie hatte schon am Vorabend eine rote Grütze gekocht, mit dicken Brombeeren, Himbeeren und Erdbeeren darin. Jetzt holte sie die Speise aus dem Kühlschrank, stellte noch Schlagsahne und Vanillesoße dazu und lächelte ihr Enkelkind an.

Tims Eltern waren wie so oft in London. Was sie da genau erledigten, wusste Tim nicht. Aber es war bestimmt wahnsinnig wichtig und brachte am Ende unheimlich viel Geld. Alles was seine Eltern taten, machte irgendwann Gewinn. Wenn sein Vater ein Ölbild für 10.000 Euro ersteigerte, dann verkaufte er es garantiert ein paar Monate später für die doppelte oder dreifache Summe. Ähnlich war es mit Häusern, Pferden oder Firmenbeteiligungen.

Ständig kauften oder verkauften seine Eltern etwas. Er wusste nie, ob sie sich Sachen anschafften, weil sie ihnen gefielen oder weil sie Gewinn brachten. Einmal, als er noch im Kindergarten war, hatten seine Eltern ein Pferdekarussell gekauft. Es war wunderschön. Acht Holzpferde, groß wie lebende Ponys, und eine Postkutsche. Das Karussell stand im Garten und wurde dort neu gestrichen. Ein schwarzer Hengst bekam ein neues Holzbein.

Tim hatte gehofft, das alles sei ein Geburtstagsgeschenk für ihn. Er durfte auch ein paar Mal darauf fahren. Es roch noch nach frischer Farbe. Aber dann verkauften seine Eltern das Karussell nach Italien an einen Sammler. Er musste eine irre Summe dafür geboten haben, denn Tim erinnerte sich noch sehr gut daran, wie seine Eltern damals auf dieses „außergewöhnlich gute Geschäft" angestoßen hatten. Mit Champagner, das verstand sich von alleine.

Tims Vater sagte gern: „Wenn man ein Geschäft nicht mit Champagner besiegelt, geht es am Ende für einen der Beteiligten schief."

Zu seinem Geburtstag hatte Tim dann eine elektrische Eisenbahn bekommen, mit Bergen, Brücken, einem Dorf und einem Bahnhof. Er hatte versucht, seine Enttäuschung zu verbergen, aber es war ihm nicht wirklich gelungen. Am nächsten Morgen nach seinem Geburtstag hatte er seine Eltern gefragt, ob sie nicht jemanden wüssten, der die Eisenbahn kaufen wollte. Sein Papa hatte ganz schön beleidigt geguckt. Aus Pflichtbewusstsein spielte Tim dann ein paar Mal mit der Eisenbahn, aber er konnte nichts dabei finden, den Zügen bei ihrer Fahrt durch die künstliche Landschaft zuzusehen. Er war froh, als seine Eltern wieder mal nach Afrika flogen und seine Oma Hedwig auf ihn aufpasste, denn die fand die Eisenbahn auch doof.

Ihre rote Grütze war ein Knaller, und Tim liebte sie dafür, dass sie eine Nachspeise als Hauptgericht servierte. Seine Mutter hätte auf einer Vorsuppe bestanden oder zumindest kleinen Appetithäppchen. Dann ein richtiges Essen mit Fisch oder Fleisch und gedünstetem Gemüse und die rote Grütze höchstens zum Nachtisch.

Früher hatte Oma Hedwig auch auf solche Dinge geachtet. Aber je älter sie wurde, umso lockerer sah sie alles. Ihr Lieblingssatz war: „Die Regeln sind nicht das Spiel."

Deshalb hatte Tim jetzt eine Schüssel rote Grütze mit Vanillesoße und Schlagsahne vor sich stehen und baggerte alles mit einem großen Suppenlöffel in sich hinein. Oma

Hedwig aß mit abgespreiztem Finger. Sie benutzte ein Dessertlöffelchen und vor ihr stand eine winzig kleine Schale. Da passte nicht viel mehr rein als in Tims Suppenlöffel. Trotzdem sah es ganz so aus, als ob er seine Schüssel schneller leer gelöffelt hätte als sie ihr Schälchen.

Sie sah ihm lächelnd beim Essen zu. Sein Heißhunger gefiel ihr. Er hatte den Kopf so tief über die rote Grütze gebeugt, dass eine Strähne von seinen langen blonden Haaren in die Schüssel baumelte.

In dem Moment klingelte jemand unten am Tor. Oma Hedwig sah auf die Uhr. „Erwartest du noch jemanden?"

Tim schüttelte den Kopf.

„Ich auch nicht", sagte Oma. Aber trotzdem drückte sie den Öffner, ohne zu fragen, wer vor der Tür stand.

Inga Sträußen aus Tims Parallelklasse lief mit schnellen Schritten über den Kiesweg zur Veranda. Sie hatte ihr Fahrrad vor dem Tor abgestellt. Sie atmete flach und schnell. Ihr Gesicht war verschwitzt. Ihr T-Shirt klebte auf der Haut. Sie trug keinen BH, und ihre Brustwarzen zeichneten sich unter dem Stoff ab.

Oma Hedwig zeigte sich erfreut, als sie Inga sah. Sie stand auf, bot Inga einen Platz an und ein Getränk. Dann stellte sie prompt die falsche Frage: „Du bist doch bestimmt Tims Freundin?"

Inga sah Tim an, als ob sie die Antwort von ihm erwarten würde. Aber der vergrub sich nur noch tiefer in seine rote Grütze.

Inga lächelte Tims Oma an. So, wie sie es tat, kapierte Hedwig Sommerfeld sofort: „Ihr zwei wollt euch bestimmt ungestört unterhalten. Möchtest du auch ein bisschen rote Grütze?" Inga nickte und schüttelte dann den Kopf.

Oma Hedwig stand auf und ging ins Haus. Inga sah Tims Großmutter hinterher. Es kam ihr so vor, als hätte sie

nie in ihrem Leben einen freundlicheren Menschen gesehen. Und die wasserblauen Augen hatte Tim offensichtlich
von ihr. Ob seine Haare später auch mal so silberweiß werden würden? Jetzt klebte jedenfalls Sahne daran.

Als seine Oma die Tür zum Haus absichtlich so laut geschlossen hatte, dass die zwei sicher sein konnten, allein
zu sein, sah Tim Inga auffordernd an. Sie verschränkte die
Arme vor der Brust und sagte: „Mein kleiner Bruder ist von
zu Hause abgehauen."

„Und warum kommst du deshalb zu mir?", fragte Tim
und ärgerte sich gleich über sich selbst. Das hörte sich so
kaltschnäuzig an.

Inga ignorierte den Ton und antwortete: „Ich dachte, er
sei vielleicht bei dir."

„Bei mir? Wie kommst du denn da drauf? Der war noch
nie bei mir."

Wieder fand Tim, dass er zu abweisend klang. Er musste noch viel von seiner Oma lernen. Die fand immer ein
paar nette, verbindliche Worte.

Tim fragte sich, ob Inga wirklich wegen ihres Bruders
gekommen war oder um ihn anzubaggern. Er könnte sie
reinbitten und ihr seine lebensgroßen Star-Wars-Figuren
zeigen, aber er zögerte.

„Klausi muss echt durchgedreht sein. Er ist aus dem
Badezimmerfenster getürmt. Er hat meiner Mutter Geld
geklaut."

Tim sah angestrengt aus. Er wusste nicht, was ihn
mehr stresste, die Anwesenheit von Inga Sträußen oder
die Frage, was mit ihrem Bruder los war. Er musste wieder
daran denken, dass er und seine Freunde nach der Sache
mit Kai Lichte geschworen hatten, nie mehr wegzugucken,
wenn in ihrer Nähe jemand Hilfe brauchte.

Tim ahnte, dass es wieder so weit war.

Kapitel 13

Kommissar Lohmann wollte gerade Feierabend machen, als die Vermisstenmeldung hereinkam. Diese heißen Tage machten ihn fertig. Wenn er aus dem Fenster blickte, konnte er kein Stück Himmel sehen, sondern nur die Mauer des gegenüberliegenden Hauses. Langsam verstand ₅ er, warum sein Vorgänger, Kommissar Günter Grün, Wolkenbilder gemalt hatte. Er beneidete Grün, weil der endlich den ganzen Stress hinter sich hatte und jetzt so viele Wolkenbilder malen konnte, wie er wollte. An Tagen wie diesem war es sein höchstes Ziel, endlich Rentner zu wer- ₁₀ den. Er wollte nicht reich werden, nicht berühmt, kein Popstar und kein Heiliger. Nein, er wollte Rentner werden. Aber bis es so weit war, musste er noch gut fünfundzwanzig Jahre überstehen.

Der kleine Ventilator auf seinem Schreibtisch war heiß ₁₅ gelaufen. Lohmann richtete den Luftstrom direkt auf sich. Das brachte zwar ein wenig Kühlung, aber er bekam davon einen steifen Nacken. Außerdem musste er alle Papiere auf dem Schreibtisch mit Steinen beschweren, damit sie nicht wegflogen. Jeden Stein hatte er aus einem Urlaubsort mit- ₂₀ gebracht. Der graue da, der sich auf den unerledigten Diebstählen ausruhen durfte, war aus Graubünden. Das schwarze Stück Lavagestein aus Lanzarote drückte die verlogenen Aussagen von zwei Busfahrern nieder, die Schwarzfahrer schwarz abkassiert hatten. Unter dem weißen Kieselstein ₂₅ von der Nordseeküste flatterte die Anzeige von Frederico Oliverio im Ventilatorenwind. Angeblich hatten seine Aushilfskräfte ihn beklaut. Leider war dabei herausgekommen, dass er Kinder für sich arbeiten ließ. Dumm für ihn. Eigentlich war das für Kommissar Lohmann Pipifax. ₃₀ Er wollte sich nicht um betrügerische Busfahrer kümmern,

Pipifax
überflüssiges
Zeug

nicht um geklaute Fahrräder und erst recht nicht um einen Bonbondiebstahl am Kiosk.

Zwischen den Fingern hatte der Kommissar wunde Stellen wegen seiner Gummihandschuh-Allergie. Wenn es warm wurde und er schwitzte, juckte es besonders schlimm. Das Einzige, was ihm an diesem schwülen Tag gefallen hatte, war der kurze Rock seiner Kollegin Annette Köster. Er gestand sich ein, dass er Annette Kösters Beine gut fand. Nicht so toll wie die von seiner Exfreundin Gabi, aber Gabi hatte ihn schließlich verlassen und er war immer noch wütend auf sie.

Vermutlich würde Annette Köster mich auch verlassen, dachte er missmutig, aber sie muss halt mit mir zusammenarbeiten. Sie würde sich sofort in eine andere Abteilung versetzen lassen, wenn sie könnte. Wahrscheinlich findet sie mich genauso langweilig und spießig wie Prinzessin Gabi.

Annette Köster stand am Fotokopiergerät und machte irgendwelche überflüssigen Kopien, als der Anruf im Präsidium einging. Kommissar Lohmann wäre gar nicht mehr drangegangen, aber Annette Köster war pflichtbewusst. Oder – so mutmaßte Kommissar Lohmann – sie wollte nur Karriere machen und ihn eines Tages von seinem Platz verdrängen.

Kommissar Lohmann hörte die aufgeregte Stimme der Frau am anderen Ende der Leitung sogar an seinem Platz. Annette hielt den Hörer gut zehn Zentimeter von ihrem Ohr weg. Mit der rechten Handfläche deckte sie die Sprechmuschel ab und sagte zu Kommissar Lohmann: „Eine Vermisstenmeldung."

Der sah auf die Uhr und wischte demonstrativ die Klinge seines Schweizer Messers ab. Damit hatte er sich mittags einen Apfel geschält. Seine Kollegin wusste, was das bedeutete. Wenn Kommissar Lohmann sein Messer zusammen-

klappte und in der Jackentasche verschwinden ließ, stand
er als Nächstes auf und verließ das Büro. Es war sein Feier-
abendritual.

„Wie alt ist Ihr Sohn denn?"

„Elf."

Annette Köster setzte sich an ihren Schreibtisch. Sie
fischte ein Formular für Vermisstenmeldungen aus der
Schublade.

Kommissar Lohmann mischte sich ein. Es nervte ihn,
dass seine Kollegin immer noch nicht kapiert hatte, in welcher Reihenfolge sie die Fragen stellen musste. Als Erstes
fragte er immer: „Seit wann vermissen Sie Ihr Kind denn?"
Alles, was gerade erst geschehen war, löste sich normalerweise eine halbe Stunde später in Wohlgefallen auf. Er war
es leid, hinter ungezogenen Teenies her zu forschen, weil
sie bei ihrer ersten Party zu viel Alkohol tranken und die
Nacht vor einer Toilette in einem fremden Badezimmer
verbrachten, statt um zehn Uhr zu Hause zu sein.

Auch Mütter, die auf Spielplätzen mit ihren Freundin-
nen über Männer herzogen, während ihre Kleinkinder sich
in der Innenstadt selbstständig machten, redeten gerne
von Entführung. In seiner bisherigen Karriere hatte es
mindestens zweihundert solcher „Entführungen" gegeben. Eine richtige nie. Deshalb nahm Kommissar Lohmann
gar keine Vermisstenanzeigen mehr auf, wenn der Vorfall
nicht wenigstens vierundzwanzig Stunden her war.

„Wann?", fragte er Annette Köster. „Wann?"

Annette Köster nickte und sprach ins Telefon: „Ihr
Sohn ist also vor nicht ganz einer Stunde weggelaufen ...
Aus dem Badezimmerfenster ... Einen Moment bitte."

Annette Köster legte die Hand über die Sprechmuschel
und beugte sich zu Kommissar Lohmann herüber. Jetzt war
sie ihm so nah, dass er das Shampoo riechen konnte, mit

dem sie sich heute Morgen die nussbraunen Haare gewaschen hatte.

„Die Frau ist völlig fertig. Sie sagt, ihr Sohn habe ihr fünfzig Euro aus der Haushaltskasse gestohlen und sei dann ..."

Kommissar Lohmann ging an ihr vorbei zur Tür und winkte ab. „Na, so ein Früchtchen. Wahrscheinlich sitzt er jetzt in einer Eisdiele und bestellt sich den dritten Erdbeerbecher mit Sahne. Spätestens, wenn ihm schlecht ist, kommt er heulend zu Mama zurück. Das ist kein Fall für uns, Annette. Eltern und Kinder streiten sich ständig. Dann laufen die Kinder weg, damit ihre Eltern sich um sie Sorgen machen. Die Eltern wollen, dass wir sie wieder einfangen und ihnen ein bisschen Angst machen. Glaub mir: Wir sind nicht dazu da, um Kinder zu erziehen, sondern um Verbrecher zu fangen."

„Soll ich das ernsthaft der Frau Sträußen sagen?", fragte Annette Köster.

Sträußen – der Name kam Kommissar Lohmann bekannt vor. Er fischte eine Anzeige unter dem weißen Nordseekieselstein hervor.

„Heißt ihr kleines Prachtkind Klaus?"

„Ja, woher weißt du ..."

Kommissar Lohmann verblüffte sie immer wieder. Sie konnte sich nicht daran erinnern, den Vornamen des Jungen erwähnt zu haben.

„Kein Wunder, dass der abhaut. Er hat anscheinend eine ganze Menge Mist gebaut. Er wird verdächtigt, einen Kioskbesitzer beklaut zu haben. Zumindest behauptet das dieser Jan Silber, der seinerseits vom Besitzer beschuldigt wird."

Seit Jan Silber, Tim Sommerfeld, Lina Grün und Doro Mayer im Fall Kai Lichte dem Kommissar bei wichtigen

Ermittlungen behilflich gewesen waren, wie es offiziell hieß – in Wirklichkeit wusste jeder, dass die vier den Fall gelöst hatten –, sprach Kommissar Lohmann ihre Namen immer mit einer Mischung aus Respekt und Abscheu aus. Er sagte immer „dieser Jan Silber" oder „diese Doro Mayer". Ähnlich wie bei Verbrechern, die er schon einmal verhaftet hatte und mit denen er ein zweites Mal in Kontakt geriet. Hier benutzte er gern den Zusatz „ein gewisser". Wenn er also sagte: „Morgen früh haben wir einen Termin mit einem gewissen Herrn Willi Schmidt", wusste Annette Köster, dass der Kommissar Herrn Schmidt schon einmal verhaftet hatte.

„Glaubst du, dass Jan Silber jemanden beklaut?"

Kommissar Lohmann verzog den Mund. „Nur weil er mal den Helden gespielt hat, muss er nicht in alle Zukunft ein Engel sein."

Annette Köster zuckte die Achseln, nahm die Hand von der Telefonmuschel und versuchte, Frau Sträußen zu beruhigen. Erfahrungsgemäß kämen Kinder immer zurück, meistens schon in der ersten Nacht. „Die Dunkelheit, die Kälte und der Hunger treiben sie rasch zurück", versicherte Annette Köster.

„Ja, heißt das, Sie wollen jetzt gar nichts unternehmen?"

„Wir können im Moment nur abwarten", sagte Annette Köster.

Jetzt regte Frau Sträußen sich über die Untätigkeit der Polizei auf. Ob denn wirklich erst ein Unglück geschehen müsse, fauchte sie.

„Was sollen wir denn Ihrer Meinung nach tun?", fragte Annette Köster sachlich zurück. „In leer stehenden Häusern in Köln mit Hunden nach ihm suchen? All seine Klassenkameraden und Freunde besuchen? Meistens sind sie nämlich bei Freunden und lügen deren Eltern vor, sie dürften dort übernachten. Oder ihre eigenen Eltern hätten schnell weggemusst und sie wären jetzt allein zu Hause. Viele Kinder sind sehr einfallsreich, wenn es darum geht, ein warmes Bett und ein gutes Abendessen zu bekommen. Wahrscheinlich trinkt er gerade bei einem Klassenkameraden zu Hause Kakao."

Kommissar Lohmann verabschiedete sich von Annette Köster mit einem Kopfnicken. Er wusste, dass Gespräche mit besorgten Eltern Stunden dauern konnten und meist zu nichts führten.

Kapitel 14

„Also", sagte Lina Grün, „fassen wir erst mal zusammen, was wir haben."

Jan nickte. Er saß breitbeinig auf dem Boden und knackte Erdnüsse. Die Hälfte war faul oder vertrocknet. Die ungenießbaren ließ er auf einen Plastik-Weihnachtsteller fallen. Die anderen kaute er tapfer.

Wieder fand er in der aufgeplatzten Nussschale nur noch Staub. Trotzdem machte er weiter. Weil er sich ab und zu am Kopf kratzte, klebten in seinen krausen, mit Gel hochgestellten schwarzen Haaren Krümel von Erdnussschalen.

Lina redete nicht weiter. Sie sah Jan an, doch der erwiderte ihren Blick nicht. Er war ganz damit beschäftigt, Erdnüsse zu knacken.

Doro forderte: „Ey, kannst du mal damit aufhören? Du nervst, Jan."

„Dich haben ja auch nicht zwei Polizisten abgeholt,

weil du beschuldigt wirst, geklaut zu haben!", brüllte Jan
Doro unwirsch an. Natürlich war das übertrieben, er war
ja nicht wirklich abgeholt oder gar verhaftetet worden.
Aber er fühlte sich so, und er konnte sich gut vorstellen,
wie seine Eltern darauf reagieren würden. Er spürte in sich
ein unendliches Loch. Seit er die Polizisten Rehm und Herholz kennengelernt hatte, aß er unentwegt. Zuerst stopfte
er Süßigkeiten in sich hinein. Als er all seine Vorräte und
die seiner Eltern geplündert hatte, war ihm der alte Weihnachtsteller eingefallen. Er fand einen eingedrückten Ni-
kolaus, ein ausgetrocknetes Marzipanschwein, eine halbe
Tafel Vollmilch-Mandel und eine Tüte Erdnüsse. Samt
Teller hatte er alles in eine Plastiktüte gekippt und war
zu Lina gefahren. Das Marzipanschwein hatte er schon in
der S-Bahn verspeist. Langsam wurde ihm schlecht, und so
merkwürdig das klingt: Es gefiel ihm. Ihm war zum Kotzen
zumute und bald würde er sich endlich übergeben können.

Tim hatte alle zusammengetrommelt. Da Linas Opa in
der Sauna war, nutzten die vier Freunde die sturmfreie
Bude aus und trafen sich bei den Grüns. Es war schon kurz
vor zehn. Es gab kalten Tee und Obstsaft. Lina fragte, ob
sie für Jan noch ein paar Brote machen sollte. Aber der
schüttelte den Kopf: „Nein. Ich hau mir die Nüsse rein. Die
hat mein Vater mir geschenkt." Er verzog den Mund und
spuckte eine schlechte Erdnuss aus. „Der schenkt immer
so einen Mist."

Doro lachte auf: „Na hör mal, das kannst du deinem
Vater doch nicht vorwerfen. Die Nüsse sind einfach alt."

Tim deutete auf seine Armbanduhr. Sie sah ein bisschen zu protzig aus für einen Jungen in seinem Alter, fand
Lina. Sie vermutete, dass das Ding aus echtem Gold war.
Bei Tim war immer alles echt. Wahrscheinlich war die Uhr
ein Erbstück von seinem Großvater.

Obwohl es in Linas Zimmer genügend Sitzgelegenheiten gab, hatten sich alle auf den Teppich gesetzt. Tim und Doro lehnten sich mit dem Rücken an das Sofa.

Lina begann noch mal von vorn: „Also, fassen wir zusammen, was wir haben." Sie zählte es mit den Fingern auf: „Erstens. Ich werde von Klaus Sträußens Mutter beschuldigt, ich hätte zwanzig Euro pro Woche für Nachhilfestunden kassiert, ohne welche zu geben. Sie denkt, Klaus und ich hätten sie gemeinsam reingelegt. Zweitens ...", sie zeigte auf Jan Silber. Aber der hatte keine Lust, alles noch einmal zu erzählen. Er warf sich stattdessen Nüsse in den Mund.

Lina verstand das richtig und fuhr fort: „Zweitens. Jan wird von seinem Chef verdächtigt, ihn in den letzten Tagen täglich bestohlen zu haben – und außer Klaus hatte niemand die Möglichkeit, an die Kasse zu kommen. Drittens ...", sie sah Tim an und der übernahm gerne.

„Drittens habe ich gesehen, wie Klaus zweimal zitternd vom Zehner gesprungen ist. Außerdem ist er von zu Hause weggelaufen und hat seiner Mutter fünfzig Euro geklaut."

Doro setzte sich so hin, dass sie Tim besser sehen konnte, und warf die langen, feuerroten Haare nach hinten. Sie räusperte sich: „Woher weißt du das?"

„Seine Schwester hat mich vorhin besucht und es mir erzählt."

Doro lächelte gequält. „So, so. Seine Schwester hat dich besucht. Ist ja klar. Kommt die öfter?"

Tim verzog seinen breiten Mund. „Nein, Mensch. Zick jetzt nicht rum. Sie hat bloß ihren Bruder gesucht."

„Bei dir?", entfuhr es Doro empört.

„Ja, ich habe mich auch gewundert. Sie dachte vielleicht, Klaus und ich wären ... Freunde."

„Freunde?" Doro sagte das so entgeistert, als sei es undenkbar.

Tim zuckte mit den Schultern.

„Ich fasse also zusammen ...", sagte Lina zum dritten Mal. Aber jetzt meldete sich Jan zu Wort und unterbrach sie. Er redete einfach drauflos:

„Es ist zwar doof für mich, aber ich sage es trotzdem. Eigentlich kann Klaus das Geld nicht aus der Kasse genommen haben."

„Wieso nicht?", fragte Doro. „Ich dachte, er hat auf die Bude aufgepasst, als du zum Klo warst."

„Ja, hat er. Aber nur ein Mal. Angeblich wurde aber jeden Tag Geld aus der Kasse geklaut."

Die anderen wurden nachdenklich. Damit belastete Jan zwar sich selbst, aber er hatte natürlich völlig recht. Klaus hatte nur an einem Tag die Möglichkeit gehabt, in die Kasse zu greifen.

Lina fragte: „Wie will der eigentlich wissen, wie viel Geld da sein müsste?"

Jan erklärte: „Eigentlich muss ich immer alles in die Kasse eintippen. So könnte er leicht vergleichen, ob so viel Geld in der Kasse ist, wie drin sein sollte. Aber das Ding funktioniert die meiste Zeit nicht."

„Und wenn", sagte Tim, „dann wäre es doch ein Leichtes für dich, ein paar Sachen nicht einzugeben, oder?"

Jan nickte und schob den Weihnachtsteller weg. Er rülpste, dann sagte er: „Obwohl, das würde auffallen. Nicht bei zwei Eiskugeln, aber wenn es mehr wird, schon. Der sieht ja, wie viel Waren ich verbraucht habe. Zehn Kisten Limo leer heißt dann auch, ich muss 240 Flaschen verkauft haben. Aber wenn die Kasse nicht funktioniert, gebe ich auch nichts ein."

„Das heißt, es muss nicht zwangsläufig jemand Geld gestohlen haben? Es könnte auch sein, dass Waren fehlen?"

„Ja klar. Wenn jemand zehn Flaschen Sprudel klaut,
fehlt hinterher das Geld. Es sieht ja aus, als hätte ich die
Flaschen verkauft."

Sie überlegten eine Weile schweigend.

„Der Tatort ist immer das Schwimmbad", sagte Tim ₅
plötzlich.

Lina schüttelte den Kopf. „Nein, falsch. Die Nachhilfestunden sollten ja nicht im Schwimmbad sein. Und Klaus
hat seiner Mama angeblich Geld aus der Haushaltskasse
geklaut."   ₁₀

„Angeblich!", betonte Tim noch einmal. Ihm war, als
müsse er Klaus Sträußen beschützen.

„Er beschafft sich also Geld. Eine ganze Menge Geld",
folgerte Doro.

„Angeblich", sagte Tim erneut.   ₁₅

Doro spottete: „Na klar, vielleicht hat seine Mutter ja
nur die Übersicht über ihre Haushaltskasse verloren."

„Und ich habe dann vermutlich vergessen, dass ich von
ihm jede Woche zwanzig Euro für Nachhilfestunden bekommen habe, oder was?", regte Lina sich auf.   ₂₀

Tim wiegte den Kopf hin und her. „Wir sollten ihn nicht
voreilig verurteilen. Ich sehe nur, dass er sich komisch ver-
hält. Er sah neulich im Schwimmbad krank aus. Als hätte er
Fieber. Verängstigt. Irgendwie total durchgeknallt."

„Wir denken doch im Grunde alle dasselbe", sagte Lina. ₂₅
Ihr Hals war plötzlich ganz trocken. Sie nahm einen großen
Schluck Saft. Dann fuhr sie fort: „Er braucht das Geld, um
sich Drogen zu beschaffen."

„Du meinst, der kifft? Für so viel Geld könnte er wo-
chenlang stoned sein", scherzte Tim. Außerdem wusste ₃₀
Tim, wie bekiffte Schüler aussahen. Sie gibbelten, lachten
wie blöd über die dämlichsten Witze oder sie wurden ganz
still. Manchen wurde auch einfach schlecht. Aber keiner

sprang vor Angst zitternd vom Zehnmeterturm. Wenn es um Drogen ging, dann war es eine Art Stoff, den Tim nicht kannte.

Jan spürte einen Anflug von Zorn. Er hatte gehofft, seine Freunde würden sich zusammentun, um ihm zu helfen. Immerhin lief gegen ihn eine Anzeige. Aber nun drehte sich alles um Klaus Sträußen.

„Wenn ich morgen auch vom Zehner springe", fragte er bissig, „macht ihr euch ab dann auch Sorgen um mich? Von zu Hause weglaufen muss ich sowieso, wenn die Polizei meinen Eltern Bescheid sagt."

Lina beruhigte ihn. „Wir kennen den Kommissar Lohmann doch ganz gut. Vielleicht lässt der mit sich reden und sagt deinen Eltern nichts."

Jan schüttelte den Kopf. „Mann, bist du naiv. Gerade weil ich den gut kenne, bin ich mir sicher, dass er mir keine Peinlichkeit erspart."

„Wir sollten uns den Tatort Schwimmbad auf jeden Fall noch einmal in Ruhe angucken", schlug Tim vor.

„Jetzt?", fragte Doro.

„Er hat recht", sagte Lina. Der Tatort erzählt viel über das Verbrechen."

„Da fällt mir was ein", sagte Doro. „Morgen hat Kai Lichtes Mutter Geburtstag. Wir wollten sie doch besuchen, oder?"

Die anderen nickten. In diesem Moment ging die Tür auf. Opa Grün war von der Sauna zurück. Die Jugendlichen hatten sein Kommen nicht bemerkt, weil sie so vertieft in ihre Gespräche waren. Günter Grüns Augen glänzten. Er sah erfrischt und energiegeladen aus.

„Wisst ihr, wie spät es ist, Kinder?", fragte er gut gelaunt. „Soll ich jemanden nach Hause fahren oder kommt ihr selbst klar?"

„Wir kommen gut klar. Danke, Herr Grün", sagte Doro freundlich.

Mit den Worten: „Dann macht nicht mehr so lange. Ich hau mich hin", schloss Opa Grün die Tür von Linas Zimmer.

„Der ist echt cool", sagte Doro anerkennend.

Jan verzog den Mund. „Hm. Ganz im Gegenteil zu meinen Eltern."

In seinen Worten klang Besorgnis mit. Die nächsten Tage stellte er sich nicht witzig vor.

Kapitel 15

Natürlich wusste Klaus Sträußen, dass seine Mutter alles tun würde, um ihn zu finden. Sie und seine Schwester Inga. Aber so konnte er ihnen einfach nicht unter die Augen treten. Er war gar nicht weit von der Wohnung entfernt, doch hier würde ihn niemand suchen. Er konnte seine Mutter durch das offene Fenster sehen. Sie ging auf und ab und telefonierte seit Stunden.

Auch jetzt in der Dunkelheit kühlte es nur langsam ab. Die schwüle Luft hing schwer in der Stadt. Es war, als würde die Hitze an den Häuserwänden kleben bleiben. Obwohl Frau Sträußen alle Fenster sperrangelweit offen hatte und leicht bekleidet im Unterrock herumlief, fuhr sie sich alle paar Minuten mit einem feuchten Frotteetuch über Hals und Gesicht. Sie benutzte das Tuch auch, um nach den Mücken zu schlagen, die jetzt ungehindert in die Wohnung eindrangen. Dann goss sie sich hektisch ein großes Glas Wasser ein und leerte es mit einem Zug.

Die Stechmücken summten auch in Klaus' Versteck. Hier oben, in seinem alten Baumhaus, war er ihnen hilflos

ausgeliefert. Sämtliche Stechmücken der Stadt schienen in diesem Raum zu wohnen. Besonders die zarte Haut an seinem Hals nutzten sie für ihre Attacken. Am liebsten hätte Klaus sich die juckende Haut vom Hals gekratzt. Er hielt
5 mit der linken Hand die rechte fest, aus Angst, seine Finger könnten sich selbstständig machen.

Der Durst war inzwischen unerträglich. Es kam ihm so vor, als ob sein ganzer Körper wund wäre und glühen würde. Er zitterte. Er brauchte etwas zu trinken. Er war
10 keine dreißig Meter Luftlinie von seiner Mutter entfernt. Er konnte den Kühlschrank sehen – und er war doch unerreichbar weit weg.

Ich muss mich bei Yogi melden, dachte er. Und ich brauche eine Erklärung für meine Mutter. Ich muss die fünfzig
15 Euro in die Kaffeedose zurücklegen und ... Es war einfach zu viel. Die Probleme türmten sich auf. Klaus wusste, dass er sich jemandem anvertrauen musste. Und er brauchte ein Medikament gegen die Schmerzen.

In Ingas Zimmer konnte er von hier aus nicht gucken,
20 so sehr er den Hals auch reckte. Wenn er fit gewesen wäre, hätte er vielleicht versucht, zu der großen Astgabelung zu klettern, um von dort einen Blick in ihr Fenster zu werfen. Aber das riskierte er jetzt nicht. Er hatte Angst abzustürzen.
25 Dann sah er Inga im Gespräch mit seiner Mutter. Sie gestikulierten heftig, aber Klaus konnte nicht verstehen, worüber sie sprachen.

Kapitel 16

Inga Sträußen lag jetzt, nur mit einem T-Shirt und einem Slip bekleidet, auf ihrem Bett. Das Leinenlaken kühlte ihren Rücken.

Sie sah zur Decke. Dort klebten ein paar phosphoreszierende Sterne. Die hatte Klaus ihr zum dreizehnten Geburtstag geschenkt.

Sie hatte einerseits das Gefühl, jetzt ganz laut Klavier spielen zu wollen, andererseits konnte sie sich nicht vorstellen, auch nur einen einzigen Ton anzuschlagen, bevor Klaus wieder da war.

Wenn sie Notenblätter las, hörte sie dabei die Töne. Jetzt komponierte sie im Kopf einen eigenen Song voller Wut und Wehklagen.

Ihr großes Konzert war plötzlich so nebensächlich und belanglos geworden. Zog Klaus etwa nur deswegen so eine Show ab? Nervte es ihn, dass sie alle Aufmerksamkeit bekam, weil doch ihr Auftritt nahte? Wenn ja, dann hatte er es geschafft, sie und ihr Konzert zu einer Randerscheinung zu machen.

Ihre Mutter hatte inzwischen all seine Freunde und Klassenkameraden angerufen. Seine Lehrer. Urlaubsbekanntschaften. Sogar ein paar Leute aus dem Schachverein, in dem Klaus vor einem halben Jahr mal kurz Mitglied gewesen war. Niemand hatte eine Ahnung, wo er sein konnte.

Im selben Moment wusste Inga es. Sie spürte es mit der gleichen Klarheit, mit der sie wusste, dass er sie brauchte.

Sie sagte ihrer Mutter nichts, zog sich nur schnell Jeans und Turnschuhe an und verließ unbemerkt die Wohnung. Mama telefonierte im Wohnzimmer mit ihrer Freundin Birgit. Heute schon zum fünften Mal.

Inga pirschte sich leise an die alte Eiche heran. Der Holzleiter fehlten ein paar Sprossen, aber das störte sie nicht. Die Leiter hatte sie mit Klaus gemeinsam gezimmert. Damals war er noch so klein gewesen, dass ihre Mutter schon einen Schreikrampf kriegte, wenn er einen Nagel und einen Hammer auch nur in die Hand nahm. Inga hatte viel Zeit mit Klaus dort oben verbracht. Es kam ihr vor, als ob das endlos lange her wäre, wie aus einem anderen Leben.

Jetzt, da sie das Holz berührte und die Wurzeln der Eiche sah, kamen die Erinnerungen zurück.

Sie kletterte vorsichtig hoch. Trotzdem knarrte das Holz unter ihrem Gewicht und eine Sprosse der Leiter brach.

Sofort bewegte sich über ihr im Baumhaus etwas. Sägespäne und Staub rieselten aus den Ritzen nach unten in Ingas Haar.

Klaus wusste nicht, wohin er fliehen sollte. Er hörte, dass jemand zu ihm hochkam. Er stellte sich vor, dass Yogi nach ihm suchte. Panisch kletterte er höher in den Baum, bis dahin, wo die Äste dünn waren und ihn kaum noch trugen.

Eine dunkle Wolke schob sich vor den Mond und ließ die Nacht besonders finster werden.

Inga kam im Baumhaus an. Sie sah von dort hoch in den Nachthimmel und suchte die Baumkrone nach ihrem Bruder ab.

In der Ferne rauschte die S-Bahn vorbei.

„Klaus?", flüsterte Inga. „Klaus? Ich weiß, dass du da irgendwo bist. Komm runter zu mir. Ich bins. Inga."

Die dunkle Wolke verzog sich. Im Mondlicht erkannte Inga einen dunklen Schatten, der sich vom hellen Himmel abhob.

„Klaus! Bitte zwing mich nicht, zu dir hochzuklettern."

Langsam, ganz langsam kam er zu ihr runter ins Baumhaus. Dort umarmten sie sich und standen eine Weile ganz
still. Dann hockten sie sich nebeneinander auf die Bretter,
jeder einen Arm um den anderen gelegt, und hielten sich
fest. Klaus weinte leise.

Inga fürchtete, das alte Baumhaus könnte vielleicht ihr
gemeinsames Gewicht gar nicht mehr tragen, aber sie sagte
nichts. Sie fand, diese Bretterbude sei jetzt der beste Ort
der Welt, um miteinander zu reden.

Was Klaus dann seiner Schwester erzählte, erschreck-
te sie zutiefst. Aber sie spürte, dass jedes seiner Worte
wahr war. Dann weinte Inga, zunächst aus Rührung, dann
aus Wut und Angst. Gemeinsam mit Klaus schmiedete sie
einen Plan. Zunächst mal mussten sie einen Weg finden,
wie Klaus wieder zurück in die Wohnung kommen konnte.
Sie brauchten eine schlüssige Erklärung für ihre Mutter.
Dann würden sie weitersehen.

Kapitel 17

Marianne Sträußen war zunächst einfach nur froh und
glücklich, ihren Sohn wiederzuhaben. Nachdem er gut
einen halben Liter Eistee getrunken hatte, begannen er
und Inga, der Mutter zu beichten. Inzwischen war es ein
Uhr morgens. Inga gestand, sie habe die fünfzig Euro aus
der Kaffeedose genommen. Sie wollte sie wieder hinein-
tun, hätte es aber einfach vergessen. Das Ganze sei die An-
zahlung für die Klassenfahrt gewesen.

„Ich war die Letzte, alle hatten schon bezahlt. Es war
mir peinlich. Du warst morgens schon weg, als es mir ein-
fiel, da habe ich mir das Geld selbst genommen."

Ihre Mutter glaubte ihr. Außerdem interessierte es Frau Sträußen viel mehr, was mit dem Gesicht ihres Sohnes passiert war, das immer noch feuerrot leuchtete. Klaus erklärte ihr, er sei vom Zehnmeterturm gesprungen. Eine dumme Wette. Leider sei er blöd auf dem Wasser aufge- 5 schlagen. Frau Sträußen holte ihrem Sohn sofort eine kühlende Creme aus ihrer Urlaubsapotheke im Reisekoffer.

Auch für die Nachhilfestunden hatte Klaus eine einfache Erklärung. Zunächst habe er es echt mit Lina Grün versucht, aber dann sei es nicht mehr gegangen. Sie sei 10 einfach eine blöde Kuh. Dann habe Inga ihm Nachhilfestunden gegeben, und weil eine Schwester normalerweise nichts bekommt, wenn sie ihrem Bruder hilft, hätten sie das verschwiegen, um das Geld zu kassieren. Sie hätten es sich geteilt. 15

Davon war die Mutter zwar nicht begeistert, aber sie befand sich in einer nachgiebigen Stimmung. Bereit, vieles zu verzeihen und alles zu verstehen. Sie fand es geradezu rührend, dass Klaus nicht irgendwohin gelaufen war, sondern in das Baumhaus. Sie konnte sich gut vorstellen, 20 warum er abgehauen war. Er schämte sich wegen des dummen, verunglückten Sprungs vom Zehnmeterturm. Er hatte Schmerzen, war wütend auf sich selbst. Und dann die Fünf in Mathe ...

Sanft streichelte sie über sein Gesicht. Sie ahnte ja 25 nicht, dass die Wahrheit viel schrecklicher und grausamer war.

Kapitel 18

Lina zog ihren Klassenkameraden Kai Lichte ins Vertrauen. Sie erzählte ihm, was sie mit Frau Sträußen erlebt hatte. Dann berichtete Tim von dem Erlebnis mit Klaus im Schwimmbad am Sprungbecken und auf dem Zehnmeterturm. Was Tim gar nicht gefiel, war das Grinsen von Kai. Fand der das etwa witzig?

Kai zog sein Handy vom Gürtel und zeigte Tim das Display. „Der Klaus hat bestimmt den Film nachgespielt."

„Was für einen Film?", fragte Tim. Lina, Jan und Doro beugten sich vor, um besser sehen zu können.

Kai suchte auf seinem Handy den Film. Er sagte: „Das Ding kursiert doch überall. Sagt bloß, ihr habt den Film nicht? Voll krass, der Streifen." Dann hatte er den Film gefunden. Er war nur wenige Sekunden lang. Man sah von sehr weit weg einen Jungen auf einem Sprungturm. Die Kamera zoomte heran. Alles war verwackelt. Der Junge zog seine Badehose aus und setzte sie sich auf den Kopf. Dann sprang er.

„Das hat Klaus nicht nachgespielt!", rief Tim. „Das ist Klaus!" Sie sahen sich den Film noch zweimal an. Jetzt sah Kai es auch. „Ja, wenn man es weiß, erkennt man ihn. Das ist wirklich bei uns im Stadionbad."

„Wie bist du da drangekommen? Wer hat dir den Film aufs Handy gespielt?", fragte Lina.

„Hannes. Der hat coole Aufnahmen."

„Wann hast du den Film bekommen?", wollte Jan wissen. Bereitwillig gab Kai Auskunft: „Gestern Abend. Ich habe ihn am Büdchen getroffen. Er war ganz stolz darauf. Er hat auch einen von seiner Schwester. Er hat sie unter der Dusche gefilmt."

„Häh? Was?", fragte Doro empört.

Kai nickte. „Ja. Ihr wisst doch, wie das läuft, Leute. Wer einen Film will, muss was zum Tauschen haben. Deshalb hat der Hannes doch so viele coole Filme. Alle sind scharf auf die Aufnahmen von seiner Schwester."

Doro hätte Kai am liebsten eine reingehauen. Aufge- ₅ bracht hakte sie nach: „Und was hast du getauscht?"

Kai grinste: „Wollt ihr mal sehen?"

Ohne die Antwort abzuwarten, führte er einen kurzen Film vor. Eine junge Frau zog sich eine bestickte Bluse aus und schlüpfte in einen Bademantel. ₁₀

„Wer ist das?", fragte Jan.

„Meine Betreuerin vom Jugendamt", lachte Kai. „Aber jetzt habe ich leider eine andere bekommen."

Doro hatte so ein komisches Grummeln im Magen. Wo leben wir eigentlich?, dachte sie. Was ist los? Dre- ₁₅ hen plötzlich alle durch? Bisher hatte sie geglaubt, viel über ihre Mitschüler zu wissen. Sie hatte auch gemeint, das Böse zu kennen, denn ihr Vater sammelte Horror- videos und sie hatte mehr davon gesehen als irgendwer sonst in ihrem Alter. Jetzt musste sie sich eingestehen, ₂₀ dass sie im Grunde nichts wusste. Weder über ihre Mit- schüler noch über das Böse. Der kurze Kontakt zu die- sem Video auf dem Handy ließ sie ahnen, dass sie es hier mit etwas zu tun bekamen, das viel gemeiner und böser war als alle Filmmonster zusammen. Denn das hier war ₂₅ echt ...

Kapitel 19

Es blieb ihnen nichts anderes übrig, als sich aufzuteilen. Tim und Doro knöpften sich Hannes Metzner vor. Jan und Lina widmeten sich dem Kiosk im Müngersdorfer Stadionbad.

Müngersdorf
Stadtteil von Köln

5 Lina hatte von ihrem Opa, dem alten Kriminalkommissar, oft den Satz gehört: „Ein Tatort hat eine eigene Sprache. Man muss ihn genau kennen und die Sprache verstehen, dann hat man meist schon den Schlüssel zur Lösung aller Rätsel in der Hand." Lina hatte vor, sich selbst in die 10 Situation zu begeben: Sie wollte den Job in der Eisdiele übernehmen. Als Undercoveragentin sozusagen. Es war gar nicht so leicht, die Arbeit zu bekommen. Natürlich hatte Frederico Oliverio nicht vor, Jan Silber weiter zu beschäftigen. Klar brauchte er eine neue Aushilfskraft, aber 15 die Schüler standen Schlange und warteten auf eine Chance, bei ihm ein paar Euro zu verdienen.

Lina fand die ganze Situation ziemlich merkwürdig. Warum hatte er ihr am Telefon gesagt, sie solle zu ihm nach Hause kommen? Jetzt gleich.

20 Frederico wohnte im Bensberger Marktweg, direkt unter dem Dach. Seine Wohnung glich einer Müllhalde. In der Küche und im Flur standen Plastiktüten voller Abfall. Es waren kaum CDs im Regal. Aber gut hundert der silbernen Scheiben lagen herum. Natürlich ohne Hüllen. Das 25 meiste hier war schwarz gebrannt.

„Wie alt bist du?", fragte Frederico Oliverio.

Lina stand. Er saß in einem Korbsessel. Es war stickig heiß hier oben und es roch nach kaltem Zigarettenqualm, vollen Aschenbechern, abgestandenem Bier und alter 30 Pizza. An der Wand hingen ein paar Fotos in Porträtgröße. Auf jedem war Frederico Oliverio zu sehen. Einmal als

König mit Krone. Ein anderes Mal als Kellner mit Fliege und als jugendlicher Motorradrocker.

„Ich bin dreizehn", sagte Lina.

„Aha", freute er sich. „Sechzehn. Das ist ja gut."

„Nein, ich habe gesagt, dreizehn."

Er streckte die Beine von sich und gähnte. „Aber bitte, wir wollen doch beide keinen Ärger. Du bist sechzehn. Ich könnte dir den Job geben. Dreimal die Woche vier Stunden. Aber dann musst du auch etwas für mich tun."

Die Art, wie Frederico Oliverio diese Idee vortrug, gefiel Lina gar nicht. Er tat geradezu so, als ob sie ihm unheimlich dankbar sein müsste für den Fünf-Euro-Job.

Und warum hatte er sie herbestellt?

Frederico zeigte auf die Küche, den Müll im Flur und die Unordnung im Wohnzimmer: „Meine Putzfrau hat gekündigt." Er sah Lina jetzt mit großen Augen an und wartete, dass sie selbst darauf kam, was er wollte.

„Und ich soll jetzt hier sauber machen?", fragte sie entgeistert.

Er nickte und reckte sich wieder. Sein T-Shirt zog sich dabei aus der Hose, sodass Lina seinen behaarten Bauch sah.

„Na, das ist doch endlich mal ein guter Vorschlag!", lachte er. „Meinst du, du schaffst das bis heute Abend? Ich gebe nämlich heute eine Party."

„Und was bekomme ich dafür?", fragte Lina.

Er verzog spöttisch den Mund. „Ist doch klar. Einen Job in meiner Eisbude."

Er musterte sie und wartete auf eine Antwort. „Deine braunen Augen gefallen mir", sagte er. „Aber du müsstest dir mal die Zähne bleichen lassen. Guck mal." Er fletschte sein Gebiss. „Professionelle Zahnreinigung, sag ich nur. Nicht ganz billig, aber es lohnt sich."

Lina überlegte, wie weit sie gehen wollte. Sollte sie

wirklich diese Müllkippe aufräumen, damit sie den Job bekam? Oder sollte sie ihm lieber sagen, was sie von ihm hielt? Schließlich hatte Jan ihr alles über den Italiener erzählt. Lina entschied sich dafür, sich nicht zu erniedrigen. Es gab auch noch andere Möglichkeiten herauszubekommen, was in der Eisbude geschehen war.

Er wurde ungeduldig. „Also – was ist?"

Lina tat, als ob sie die Frage falsch verstanden hätte. „Was mit Ihnen los ist, sage ich Ihnen gerne." Sie zeigte auf die Fotos an den Wänden. „Sie sind ein arbeitsloser Schauspieler. Immer wenn Sie sich für großkotzige Gangsterrollen vorstellen, bekommt ein anderer den Job. Sie fallen bei jedem Casting durch. Sie schaffen es einfach nicht, ein echtes, eiskaltes Schwein zu spielen, gehässig und gemein."

Frederico Oliverio kriegte den Mund nicht mehr zu.

Lina fuhr fort: „Sie müssen noch eine Menge üben. Den Gangsterboss nimmt Ihnen noch keiner ab."

„W...wo... woran liegt das?", fragte er verdattert.

Lina wusste, dass sie gewonnen hatte. „Weil Sie unverschämte, gemeine Dinge sagen. Aber Sie sitzen da wie ein kleiner Junge, der Angst hat, dass gleich seine Mama reinkommt und erfährt, was er für schlimme Sachen macht."

Er sackte in sich zusammen. Sein Gesichtsausdruck wurde noch dümmer, als er ohnehin schon war. „Woher weißt du denn das?"

Lina überlegte. Natürlich konnte sie nicht sagen, was Jan ihr verraten hatte. Doch dann kam ihr eine Idee. Sie räumte ein paar Tüten und CDs von einem zerkratzten Stuhl, drehte den Stuhl um, sodass sie rittlings darauf sitzen konnte, und erklärte: „Meine Mutter ist Schauspielerin. Ich kenne das. Nie ist sie sie selbst. Immer probiert sie gerade aus, etwas zu sein, das sie nicht ist. Aber durch die Maske erkenne ich sie. Ob Hexe, Königin, Piratin oder Gangsterbraut. Ich erkenne immer meine Mama."

Frederico wirkte jetzt irgendwie erleichtert. Es tat ihm gut, dass es anderen ähnlich ging wie ihm. Er fühlte sich dadurch weniger irre.

„Wie heißt deine Mama denn?", fragte er.

Lina winkte ab. „Ach, Sie kennen sie bestimmt nicht. Sie spielt in Tourneetheatern. Manchmal auch kleine Rollen im Fernsehen. Meistens aber Mist. Sie hätte mal fast bei einer Shampoowerbung mitgemacht. Im letzten Moment haben sie sich aber für eine andere entschieden."

Frederico Oliverio legte ein Bein über das andere und wippte mit dem rechten Fuß. „Sag schon, wie sie heißt."

„Grün, wie ich. Eigentlich heißt sie Elisabeth Grün. Aber sie nennt sich Agnetha Grün."

Er sprang auf, als hätte ihn eine Biene in den Hintern gestochen. „Was? *Die* Agnetha Grün?"

Lina nickte.

Frederico Oliverio war ganz aus dem Häuschen. „Natürlich kenne ich sie! Agnetha mit den tollen Beinen. Ich habe sogar mal mit ihr gespielt. Also beinahe ..."

Lina kannte das. Bei Schauspielern war immer alles beinahe. Beinahe wäre ihre Mama berühmt geworden. Beinahe wäre ihr Stück ins Fernsehen gekommen. Beinahe hätte sie mit Lina zusammen Urlaub in Schweden gemacht. Beinahe hätte sie Paul geheiratet oder Paul sie. Beinahe ...

Frederico Oliverio fuhr fort: „Ich habe vorgesprochen. Sie auch. Wir waren im Endcasting. Es ging um so ein Piratenstück. Ich sollte einen Freibeuter spielen."

Er fuchtelte mit den Armen herum, als ob er einen Degen führen würde. Dann stoppte er, ließ die Schultern hängen und sah ziemlich belämmert aus. „Leider hat deine Mama mir den Vorderzahn hier rausgehauen. Nicht absichtlich. Aber sie spielt halt mit vollem Einsatz und es war eine Fechtszene. Sie bekam die Rolle. Sie ging auf Tournee und ich zu Dr. Dohle, meinem Zahnarzt."

Frederico Oliverio hob seine Oberlippe und zeigte stolz auf den mittleren Schneidezahn. „Hier, guck nur. Man kann gar nichts mehr sehen. Gute Arbeit."

Lina wusste nicht genau, ob das Gespräch jetzt gerade eine für sie günstige Wendung genommen hatte.

„Eigentlich hatte deine Mutter mir versprochen, die Rechnung zu begleichen. Ich habe sie ihr auch geschickt, aber ... sie hat es wohl vergessen."

Das klang jetzt gar nicht gut. Am Ende will der noch, dass ich das Geld bei ihm abarbeite, dachte Lina.

„Meine Mama vergisst immer alles", sagte Lina verständnisvoll. „Sie vergisst, Rechnungen zu bezahlen, Geburtstage – sie hat sogar mal Weihnachten vergessen, weil sie irgendwo eine Gala gab ..."

Frederico Oliverio beugte sich zu Lina vor. „Du wirst ihr doch nichts hiervon verraten?"

„Wovon?", fragte Lina mit unschuldiger Miene.

Er druckste herum. Sie wollte es ihm nicht ersparen, die Sache auszusprechen. Es war, als hätte er dafür einfach zu viel Speichel im Mund. Auf seiner Unterlippe bildeten sich Bläschen. „Na ja, ich meine, sie muss doch nicht erfahren, dass ich dich hierher gebeten habe und ..."

Er sprach nicht weiter. Aber jetzt tat Lina es genüsslich für ihn: „... und dass Sie mir einen Fünf-Euro-Job angeboten haben, falls ich damit einverstanden bin, sechzehn zu sein ... und vorher diesen Saustall hier aufräume ..." Lina sah ihn auffordernd an. „War es das? Oder hab ich noch etwas vergessen?"

Frederico Oliverio sah jetzt fast bemitleidenswert aus. Er kaute an den Nägeln.

Jetzt gab Lina ihm den Rest: „Haben Sie Angst, dass meine Mutter Ihnen noch einen Zahn ausschlägt? Sie kann Judo und Karate. Das hat sie von meinem Opa gelernt. Der ist nämlich Kriminalkommissar."

Obwohl Frederico Oliverio schon sonnengebräunt in 5 diesen Sommer gegangen war, hatte er jetzt eine blasse, ungesunde Gesichtsfarbe. „Wir könnten das hier doch einfach alles vergessen ... oder? Was ist schon passiert? Ich habe eine Rolle ausprobiert, mehr nicht", sagte er.

„Ich habe also den Job?", hakte Lina nach. 10

„Ja, aber ... eigentlich darf ich einer Dreizehnjährigen gar keinen Job anbieten."

„Ich helfe Ihnen doch nur und bessere dabei etwas mein Taschengeld auf."

Er gab sich geschlagen und nickte, hatte aber noch eine 15 Frage: „Ich hatte gar keine Ahnung, dass deine Ma gar nicht Agnetha heißt, sondern Elisabeth. Weiß du, warum sie sich anders nennt?"

Eigentlich hatte Lina keine Lust, die ganze Geschichte zu erzählen, deshalb machte sie es kurz: „Sie wollte nicht, 20 dass dauernd irgendwelche Fans diesen Schlager singen."

„Welchen Schlager?"

Er war echt zu blöd, fand Lina. *Wenn die Elisabeth nicht so schöne Beine hätt!* Außerdem war Agnetha von ABBA ihre Lieblingssängerin." 25

Hoffentlich fragt er jetzt nicht auch noch, wer ABBA ist, dachte Lina.

Frederico Oliverio bemühte sich um einen schlauen Gesichtsausdruck und sagte bedeutungsschwanger: „Verstehe." 30

Daraus folgerte Lina, dass er nichts verstand. Gar nichts.

ABBA
schwedische
Popgruppe

Kapitel 20

Hannes Metzner hatte einen runden Kopf, der direkt
auf den Schultern zu sitzen schien. Er hatte ein Doppel-
kinn und so viele Sommersprossen, dass sie flächenwei-
se zusammenwuchsen, weshalb einige ihn auch *Indianer*
nannten. Er gab sofort bereitwillig Auskunft. Anscheinend
fühlte er sich geehrt, dass Tim ihn nach seinen Filmen fragte. Tim und Doro hatten entschieden, es sei klüger, wenn
Tim es zunächst ohne Doro bei Hannes probieren würde.
Vermutlich fiele es Hannes in Anwesenheit eines Mädchens schwerer, die heimlich aufgenommenen Videos von
seiner Schwester und Ähnliches zu zeigen.

Hannes Metzner saß mit Tim im Park im Schatten der
Bäume. Im grellen Sonnenlicht war der Film auf dem Display nicht gut zu erkennen. Hannes zeigte Tim Szenen von
seiner duschenden Schwester. Sie schäumte sich die Haare
ein.

Tim wollte natürlich Informationen über ganz anderes
Material und fragte gelangweilt: „Hast du nichts Schärfe-
res? Ich habe schon Shampoowerbung gesehen, die war in-
teressanter."

Hannes zwinkerte Tim zu. „Hast du denn auch was anzubieten zum Tauschen?"

„Ich bin noch am Sammeln, fange gerade erst an."

„Worauf stehst du denn? Die Mädchenumkleide im
Schwimmbad. In unserer Turnhalle. Sklaven und Herren
oder ..."

Tim versuchte, seine Empörung zu unterdrücken. „Was
hast du denn so im Angebot?"

Stolz, als würde er ein selbst gemachtes Kunstwerk vor-
führen, zeigte Hannes einen Kurzfilm. Man sah eine Bank
im Park. Dort saß ein Pärchen und knutschte. Zwei Jungen

schlichen von hinten heran. Jetzt wurden die Gesichter der
Liebenden ganz nah herangezoomt. Sie bemerkten nichts,
küssten sich mit geschlossenen Augen. In dem Moment
wurden ihnen die Köpfe zusammengestoßen. Sie bluteten
sofort beide aus dem Mund. Das Gesicht des Mädchens war ₅
groß in der Kamera. Sie schrie. Jemand zerrte sie grob an
den Haaren und knallte ihren Kopf noch einmal gegen den
von ihrem Freund. „Küssen! Küssen! Küssen!", brüllte eine
harte Stimme im Kasernenhofton. „Los, noch mal küssen!"
Der Junge rannte weg. Jemand rief lachend hinter ihm her: ₁₀
„Feige Sau!!" Ein Kameraschwenk versuchte, seine Flucht
einzufangen. Der Junge fiel hin. Das Mädchen kreischte.
Dann war der Film zu Ende.

Tim war schockiert. Die Fragen huschten so schnell
durch seinen Kopf, dass er gar keine Zeit fand, sie zu ₁₅
formulieren. Wer machte so etwas und warum? War das
zufällig gefilmt worden oder extra für den Film geschehen?

Tim glaubte das Mädchen zu kennen, wusste aber
nicht genau, woher. Wer war sie? Die Schläger hatte er ₂₀
nicht erkannt. Aber es waren keine Erwachsenen, sondern
Kinder.

„Wie findest du den hier?", fragte Hannes und spielte
den nächsten Film ab. Tim erkannte den Hauptdarstel-
ler sofort: Klaus Sträußen. Es war am Rundfunkgebäude. ₂₅

Appellhofplatz
Ortsbezeich-
nung in Köln Klaus stand auf der Treppe, die auf die Brücke zum Appellhofplatz führte. Die Kamera nahm ihn von unten auf.
Der Kameramann musste sich unten auf der Straße hinter
einem Auto versteckt haben. Ein Pärchen kam vorbei. Sie
trug einen Minirock, eine Handtasche und dazu passen- ₃₀
de Sandalen. Ihr Freund T-Shirt und Jeans. Eine Stimme
befahl: „Jetzt!" Im selben Moment pinkelte Klaus Sträußen im hohen Bogen von der Brücke auf das Pärchen. Sie

sahen hoch, kreischten, schimpften. Das Mädchen hielt sich schützend die Handtasche über den Kopf. Der Junge stürmte sofort die Treppe hoch und nahm die Verfolgung auf. Die Kamera wackelte hinterher. „So ein Schwein! So ein Schwein!", schrie das Mädchen. „Ich bin ganz nass! Er hat mich voll gepinkelt!" Als die Kamera bei Klaus Sträu-ßen ankam, lag der schon am Boden. Seine Nase blutete und ein wütender Junge mit nassem T-Shirt trat auf ihn ein.

Tim wurde schwindelig, weil er die Luft zu lange an-hielt. Er zwang sich durchzuatmen.

„Ja", lachte Hannes, „der Yogi lässt sich immer was ein-fallen."

„Wie kommst du an die tollen Videos?", fragte Tim und versuchte, echte Bewunderung in seine Stimme zu legen.

Hannes grinste geheimniskrämerisch: „Wenn du auch Material hast, kannst du in den Club."

„In den Club?"

„Na ja, in den Tauschclub. Wer ist dein Sklave?"

Tim versuchte, sich zusammenzureißen. Aber er war kein guter Schauspieler. Doro oder Lina wären an seiner Stelle viel besser zurechtgekommen, vermutete er. Er schämte sich ein bisschen, denn Hannes durchschaute ihn sofort.

„Du hast keine Filme und du hast keine Sklaven. Du bist echt ein Anfänger. Willst du welche kaufen?"

Tim wusste nicht, was Hannes meinte. Was wollte der ihm grade zum Kauf anbieten? Filme? Sklaven? Was mein-te der überhaupt mit Sklaven?

„Was kostet so etwas denn?", fragte Tim zweideutig.

Hannes grinste. Er wusste, was alle wussten: Tims El-tern hatten Geld. Manchmal tauchte der Name Sommerfeld auf Spendenlisten auf. Neue Computer für die Schule. Ein Bild fürs Museum. Neue Bänke für den Park. Die Familie Sommerfeld ließ sich nicht lumpen. Bestimmt konnte man an Tim Sommerfeld alles ein bisschen teurer verkaufen als an andere Mitschüler. Nur zu gern hätte Hannes Tim als Kunden gewonnen.

„Gute Sklaven sind teuer", sagte Hannes. „Aber ich kann versuchen, dir was zu besorgen."

Tim nickte. „Gut."

„Halt dich an mich. Ich kann dir alles vermitteln."

Um seine Chancen bei Tim zu verbessern, zeigte Hannes gleich noch einen Film. Den kannte Tim schon. Er sah Klaus Sträußen vom Zehner springen.

Kapitel 21

„Ja, wo leben wir denn?!", sagte Doro entsetzt. Sie konnte Tims Erzählung kaum glauben.

„Er wollte mir einen Sklaven verkaufen. Echt. Und er hat Filme aus der Mädchenumkleide im Schwimmbad. Angeblich auch von der Umkleide in unserer Turnhalle. Er hat was von Sklaven und Herren gefaselt und ..."

Doros Entschluss stand sofort fest: „Tatortbesichtigung. Das gucken wir uns an."

„Was denn? Was gucken wir uns an?"

„Die Mädchenumkleide. Wenn einer da eine Webcam eingebaut hat, finden wir sie."

Kapitel 22

Es war ganz leicht hineinzukommen. Trotzdem fühlte Tim sich unwohl. Zum ersten Mal in seinem Leben stand er in der Mädchenumkleide der Hans-Bödecker-Schule. Direkt dahinter waren die Duschen.

Die Basketballmannschaft der Mädchen trainierte in der Halle. Das harte Aufprallen der Bälle beim Dribbeln drang bis in die Sammelumkleide. Der Raum sah im Grunde genauso aus wie bei den Jungen. Weiß gekalkte Wände. Alte Fliesen auf dem Boden. Immer wieder waren schadhafte, gebrochene Fliesen durch neue, andersfarbige ersetzt worden. So wurde der einst steingraue Boden bunt.

An jeder Wand stand eine lange, abgenutzte Holzbank. Die Mädchen hatten ihre Sandalen und Straßenschuhe darunter und davor abgestellt. Einige Schuhe warteten ganz ordentlich nebeneinander auf ihre Besitzerin, andere lagen da wie achtlos weggeworfen. So unterschiedlich sind Jungen und Mädchen gar nicht, dachte Tim. In der Jungenumkleide sah es ähnlich aus. Nur gab es da weniger rosa und pinkfarbene Sandalen. Auch die Absätze waren nicht ganz so hoch.

Genau wie bei den Jungen gab es an jeder Wand fingerlange Kleiderhaken im Abstand von gut dreißig Zentimetern. An der Decke zwei lange Neonröhren. Eine war schon lange kaputt. Die andere zirpte verdächtig und würde diesen Sommer garantiert nicht überleben.

Doro Mayer war ganz in ihrem Element. Die Tatortermittlerin. Sie warf die langen roten Haare nach hinten und befestigte sie mit einem Haargummi. Jetzt brauchte sie eine freie Sicht auf die Dinge. Sie sah sich die Decke an.

Tims Blick konnte sich nicht von einem rosafarbenen

BH mit weißen Rüschen lösen, der an einem Kleiderhaken neben einem Spaghettitop gleicher Farbe hing.

„Wo würdest du hier eine Webcam anbringen?", wollte Doro wissen.

Tim zuckte zusammen. Noch nie in seinem Leben hatte er sich so eine Frage gestellt. Er wurde rot.

Doro konkretisierte ihre Frage: „Wofür würdest du dich besonders interessieren? Einen Gesamtüberblick von oben auf alle Mädchen – wie sie sich umziehen?" Doros Blick tastete die Decke Stück für Stück ab. Dann kniete sie sich hin und sah unter die Holzbänke. „Oder ist es spannender, von unten zuzugucken? Praktisch aus der Froschperspektive?"

Tim schwieg. Am liebsten wäre er weggelaufen. Es war ihm peinlich, hier zu sein. Er gehörte hier nicht hin, fand er.

Ohne ihn anzusehen, forschte Doro weiter: „Komm, du bist doch ein Junge. Was findet ihr spannender? Wenn hier unten eine Kamera wäre, könnte man doch nur Füße sehen. Verschwitzte Socken. Abgelatschte Schuhe. Hosen, die auf den Boden fallen. Stehen Jungs auf so was?"

Tim schluckte. „Ich glaub, ich geh lieber. Es kann doch jeden Moment jemand kommen."

„Ach was! Die haben Basketballtraining. Hörst du doch."

„Trotzdem. Wenn eine ihr Taschentuch vergessen hat oder so ... Ich hätte keine Lust zu erklären, was wir hier tun."

„Stell dich nicht so blöd an. Wir ermitteln hier. Wenn du mitmachst, sind wir hier schneller wieder raus. Nimm du die Ecke da, ich nehme die andere und die Duschen."

Tim wollte es nur rasch hinter sich bringen. Er suchte die ihm zugewiesene Ecke ab. Dabei schob er die Mädchenkleidungsstücke mit spitzen Fingern zur Seite.

„Was wir suchen", erklärte Doro, „kann winzig klein

sein. Es gibt solche Kameras, die sind nicht größer als ein Streichholzkopf." Doro hockte auf den Knien. Sie fegte Schuhe beiseite und tastete die Fliesen ab.

„Ja, aber um etwas zu empfangen, braucht man einen Sender. Batterien oder ..." Tim sprach nicht weiter. Er hatte einen Verdacht. Hier in der Ecke auf der Holzbank ragte ein Teddy aus einer Sporttasche. Seine Ohren standen genauso ab wie Tims eigene. Mit seinen braunen Knopfaugen schien der Teddy ihn anzusehen.

Tim sagte nur: „Doro!", und zeigte dann stumm auf den Teddy. Sie verstand sofort. So ein Ding war genial. Völlig unverdächtig. Man konnte leicht eine Kamera und ein Sendegerät darin verstecken. Und Batterien und was sonst noch nötig war. Der Teddy hatte eine ideale Position im Raum: Er blickte direkt in die große Dusche. Wenn Mädchen unter die Dusche gingen oder aus der Dusche herauskamen, mussten sie jedes Mal vor den Augen des Teddys vorbeiflanieren.

Doro packte den Teddy und zog ihn an sich. Sie tastete ihn ab, drückte in seinen Bauch, knetete seinen Rücken durch. Dann versuchte sie, eines der Glasaugen auszureißen. Sie war sicher, dass sich dahinter eine Kamera befand.

Tim öffnete einen silbernen Kulturbeutel und wurde darin sofort fündig. Zwei Lippenstifte. Wimperntusche. Eyeliner. Lidschatten. Flüssiges Make-up. Eine Nagelschere und eine Nagelfeile.

Mit der Feile grub Tim dem Teddy das rechte Auge aus. Es sah unverdächtig aus. Im Kopf hatte der Teddy kein Stroh, wie Tim es erwartet hatte, sondern weiße Styroporkügelchen.

Tim schob zwei Finger durch das Auge in den Kopf des Teddys. Doro hielt ihn an den Ohren fest. Der Stoff am Kopf riss ein. Weiße Kügelchen rieselten auf den Boden.

„Fehlanzeige", sagte Tim. „Der Teddy ist sauber. Lass uns lieber abhauen."

Doro schüttelte den Kopf. „Das Ding muss hier irgendwo sein. Oder der Hannes hat nur angegeben."

„Glaub ich nicht. Aber sollen wir den Tatort nicht besser anschauen, wenn alle Mädchenklamotten hier raus sind? Das Spiel kann doch nicht ewig dauern."

Der zerstörte Teddy machte Doro jetzt auch ein schlechtes Gefühl. Gemeinsam mit Tim verließ sie die Mädchenumkleide. Sie schlichen vom Schulhof wie zwei Diebe.

Tims Mund trocknete von innen aus und seine Haut juckte. Er brauchte jetzt ein Eis. Er wollte Doro auch eins ausgeben, aber die bestand darauf, für sich selbst zu bezahlen. Sie löffelten jeder eine Fünf-Kugel-Portion in sich hinein. Tim mit Sahne, Doro ohne. Das Eiscafé war nah bei der Hans-Bödecker-Schule. Von hier aus konnten sie sehen, wie die Basketballmädchen aus der Turnhalle kamen. Doro hatte ihr Eis noch nicht ganz aufgegessen.

„Das wäre nicht mehr lange gut gegangen", sagte Tim.

„Das mit dem Teddy war eine blöde Idee", konterte Doro.

Tim nickte. „Stimmt. Aber es hätte ja sein können."

„War es aber nicht", sagte Doro eine Spur zu hart. Es tat ihr gleich wieder Leid. Versöhnlicher fügte sie hinzu: „Ich hätte es besser wissen müssen. Die Kamera ist fest installiert. Nicht in einem Teddy oder in einer Sporttasche."

Tim starrte betroffen in seinen leeren Eisbecher. „Wieso?", fragte er.

Doro tippte sich an die Stirn. „Weil kein Mädchen so doof wäre, eine Webcam heimlich in die Umkleide zu bringen, damit irgendwelche Jungs ihr und anderen beim Ausziehen zugucken können."

Da musste Tim ihr recht geben. Vermutlich hatte ein

Junge eine Kamera angebracht, und zwar, als keine Mädchen dabei waren. Es wurmte ihn, dass nun irgendjemand einen kaputten Teddy vorfand. Es musste wie die reine Zerstörungswut aussehen. War es aber nicht.

Doro und Tim warteten eine knappe Viertelstunde. Als dann keine neuen Sportlerinnen gekommen waren, durchsuchten sie den Umkleideraum erneut. Er war fast leer, was die Arbeit erleichterte. Eine zerquetschte Coladose lag am Boden. Ein Butterbrotpapier. Die Plastikverpackung einer Slipeinlage und zwei Haarspangen. Ein ausgelutschter Kaugummi. Eine Menge Styroporkugeln – und der Teddy. An ihm klebte ein Zettel: *Behalt ihn, blöde Kuh. So kriegst du den Mattes nie zurück!*

Ruhig und gründlich überprüften Tim und Doro jeden Flecken an der Wand auf ein verborgenes Loch. Jede lockere Fliese. Selbst die Schrauben in den Kleidergriffen sah Tim sich genau an. Nach einer knappen halben Stunde waren die beiden sicher. Es gab hier keine versteckte Kamera.

Tim war bei der Sucherei ganz schön ins Schwitzen gekommen. Im Duschraum tropfte einladend kaltes Wasser aus einem Brausekopf. Tim unterdrückte das Verlangen, zur Toilette zu gehen, obwohl seine Blase voll war und dringend Erleichterung brauchte.

„Weißt du, was das bedeutet?", fragte er Doro, als sie die Schule verließen.

„Was?"

„Na ja, dass wir nichts gefunden haben."

Doro nickte und hob die Arme, damit der kühle Luftzug, der plötzlich durch die Straße pfiff, ihre heißen Achselhöhlen kühlen konnte: „Klar, es bedeutet, dass die Kamera längst wieder abgebaut wurde, oder sie hat nie existiert und Hannes ist ein blöder Aufschneider."

„Ja, das ist er. Aber eine Möglichkeit hast du vergessen."

„Welche?"

„Ein Mädchen bringt die Kamera mit rein und nimmt sie auch wieder mit raus."

„Nein!", protestierte Doro. „So blöd ist keine!"

„Nur weil der Teddy sauber war, heißt das noch lange nicht, dass es nicht genau so läuft. Vielleicht macht es eine aus Liebe."

„Welches Mädchen soll denn einen Typen lieben, der so etwas von ihr verlangt?" Doro sah Tim kritisch an. Sie konnte sich nicht vorstellen, dass er Recht hatte. Wer sollte ein Mädchen dazu bringen, und wie? Nein, sie hielt das für ganz unmöglich.

Kapitel 23

Jan hatte schon nach einer Stunde herausgefunden, wie es lief. Er beobachtete den Kiosk von weitem mit dem Fernglas. Lina verkaufte Limo, Eis, Bonbons und Zigaretten. Sie konnte aus ihrer Position nicht bemerken, wie sie hereingelegt wurde. Jan war sich sicher, bei ihm hatten sie es genauso gemacht. Bei der ersten Überprüfung würde es sofort auffallen. So wie Frederico Oliverio drauf war, könnte es noch heute Abend eine Strafanzeige gegen Lina geben. Sie hatte keine Chance.

Der Trick war einfach, aber er funktionierte erstaunlich gut. Hinter dem Verkaufswagen befand sich ein kleiner, notdürftig mit grünem Draht umbauter Raum für Getränke, weil im Kiosk nicht genug Platz war. Hier stapelten sich die Kisten mit leeren Pfandflaschen und hier lagerten auch die Vorräte. Die vollen Flaschen waren gut geschützt in einer riesigen Kühlbox. Die leeren natürlich nicht. Genau das nutzte die Bande aus. Einer mit blauer Badehose und nach hinten verdrehter Kappe kletterte an dem Maschendrahtzaun hoch. Er angelte leere Limo- und Colaflaschen aus den Kisten und reichte sie an seine Freunde weiter. Die rannten um die Bude herum und holten sich bei Lina das Pfandgeld ab.

Es waren drei. Sie waren höchstens zehn, elf Jahre alt, schätzte Jan. Niemand schöpfte Verdacht, wenn Kinder immer wieder mit leeren Flaschen kamen. Viele verdienten sich ihr Eis mit dem Sammeln von herumliegenden Pfandflaschen. Jan hatte das vorigen Sommer noch selbst so gemacht. An seinem besten Tag holte er sich das Geld für zweiundfünfzig Flaschen ab. Aber die Kids hier klauten die Flaschen, statt sie aufzusammeln, bevor sie sie zu Geld machten.

Jan überlegte, wie er am besten vorgehen sollte. Immerhin lief eine Anzeige gegen ihn. Er hatte Klaus Sträußen wohl zu Unrecht verdächtigt. Sollte er sich die Kinderbande jetzt schnappen? Aber konnte er etwas beweisen? Jetzt, da sie mit den Flaschen in der Schlange standen und auf ihre Belohnung warteten, war es zu spät. Sie konnten einfach behaupten, die Flaschen aufgesammelt zu haben. Dann stand Aussage gegen Aussage. Nein, er musste eine Möglichkeit finden, sie auf frischer Tat zu ertappen.

Jan nahm sein Handy und schickte Lina eine SMS. Er richtete sich auf eine lange Wartezeit ein, aber es dauerte keine zehn Minuten, und der Junge mit der Kappe und der blauen Badehose versuchte es erneut. Er war schlau. Er wartete, bis die Traube vor Linas Verkaufsstand besonders groß war. Jetzt hatte sie garantiert keine Zeit, sich um den Raum hinter dem Kiosk zu kümmern.

Schon kletterte der kleine Dieb am Maschendraht hoch. Dreist sprang er hinter den Zaun und machte die

Kisten leer. Ein Mädchen in gelbem T-Shirt schnappte die
Flaschen, die er über den Zaun warf, und steckte sie in eine
Plastiktüte.

Jetzt!, simste Jan an Lina. Gleichzeitig rannte er auf den
Kiosk zu.

Kapitel 24

Lina hatte das Handy neben die Eistheke gelegt. Aufgeregt sah sie immer wieder hin. Die Vibration war eingeschaltet, das Alarmlicht auch, aber der Ton war aus. Sie wollte
den Täter nicht warnen. Er sollte arglos in die Falle tappen.

Jetzt wackelte das Handy auf der Glasplatte. Durch die
Vibration bewegte es sich wie von Geisterhand und fiel ins
Erdbeereis. Lina sah gar nicht erst aufs Display. Sie musste
die Nachricht nicht lesen.

Ein blondes Mädchen reckte ihr die Hand entgegen und
wollte ihre zwei Euro gegen ein Eis tauschen. Lina reichte
ihr die Waffel, interessierte sich aber nicht für das Geld.
Sie drehte sich schnell um, riss die Tür auf und schnappte
sich den überraschten Jungen. Sie kannte ihn vom Sehen.
Er ging auch auf die Hans-Bödecker-Schule. Wenn sie sich
nicht täuschte, hieß er Torsten.

Er kreischte sofort los: „Ich hab überhaupt nix gemacht!
Ich hab nix gemacht!" Gleichzeitig versuchte er, sich los-
zureißen. Er verpasste Lina einen Tritt in den Magen. Sie
krümmte sich vor Schmerzen. Dann sprang er an dem Maschendrahtzaun hoch und wollte fliehen.

„Hau ab, Mann!", kreischte er. „Hau ab!"

Lina bekam seinen rechten Fuß zu fassen, bevor er sich
über den Zaun retten konnte.

„Lass mich sofort los! Was willst du überhaupt von mir?", brüllte er.

„Das weißt du genau, du Blödmann!" Lina hängte sich mit ihrem ganzen Gewicht an seinen Fuß. Er konnte sich nicht länger halten und gemeinsam krachten sie auf den Boden.

Maren, das Mädchen, das die Flaschen aufgefangen hatte, rannte, so schnell sie konnte, aber die Tüte mit den geklauten Flaschen nahm sie mit. Sie wollte sie auf keinen Fall loslassen. Jan verfolgte sie keuchend. Die Kleine war trotz der Tüte ganz schön schnell und sie hatte ein Ziel. Sie wollte zur Decke von Yogi gelangen. Aber bis dahin waren es noch gut hundert Meter.

Jan stolperte über eine Tasche. Er war sich nicht sicher, ob ihm jemand die Tasche absichtlich zwischen die Beine geworfen hatte oder ob sie vorher schon im Weg lag. Jedenfalls hatte er das Hindernis nicht gesehen und legte sich lang. Sein linkes Knie blutete.

Lina Grün hatte viel von ihrem Opa gelernt. Unter anderem ein paar Judotricks und Polizeigriffe. Natürlich hatte sie keine Handschellen, aber die brauchte sie auch nicht. Sie bekam Torsten schnell unter Kontrolle. Sie bog seinen rechten Arm auf den Rücken und hielt sein Handgelenk fest.

Jetzt jammerte er: „Hilfe! Hilfe! Ich hab nichts gemacht!"

Lina brachte ihren Mund ganz nah an sein Ohr und flüsterte: „Natürlich nicht. Du wartest hier auf den Bus, stimmt's?"

„Nein!", brüllte Torsten. „Ich wollte nur meinen Ball holen. Den habe ich aus Versehen über den Zaun geschossen."

„So, und wo ist der Ball?"

Torsten wurde immer lauter: „Ich habe ihn schon wieder rübergeworfen! Da hinten liegt er – irgendwo!"

Natürlich wusste Lina, dass er log. Aber sie fragte sich, warum er so laut war. War das ein Trick? Wollte er damit jemanden warnen? Seine Komplizin draußen war doch schon geflohen. Oder rief er Hilfe herbei?

Maren erreichte Yogis Decke. Er sah die beiden auf sich zukommen und stand auf. Seine Haut war nussbraun und glänzte ölig, wodurch das Spiel seiner Muskeln betont wurde.

Yogi stand auf Muskeln. Er trainierte dreimal die Woche im Fitnessstudio „auf Masse", wie er das nannte. Er wollte zunehmen, immer breiter und stärker werden. Er arbeitete hauptsächlich an der Latissimusmaschine und liebte auch das Bankdrücken mit den Langhanteln. Sein Brustkorb war sehr stark ausgebildet. Sein Busen war größer als der der meisten Mädchen, sein Rücken fast doppelt so breit wie der von Jan. Seine Beine wirkten durch den aufgeblähten Oberkörper staksig, wie Zahnstocher. Dafür waren Yogis Oberarme so dick wie Jans Oberschenkel. Gegen den hatte er keine Chance, das musste er gar nicht erst ausprobieren. Das wusste Jan auch so. Er war kein Feigling. Aber gegen Yogi anzutreten wäre nicht mutig, sondern nur dumm.

So breitbeinig, wie Yogi dastand, spielte er genau damit. Er wollte Jan durch seine kräftige Erscheinung einschüchtern. Es gelang ihm auf Anhieb. Maren versteckte sich hinter Yogi und warf die Tüte neben seiner Decke auf den Boden. Die Flaschen klirrten. Eine zerbrach.

„Hilfe! Bademeister! Hilfe! Aufsicht!", schrie Torsten.

Noch immer reckte das blonde Mädchen mit der Eiswaffel ihr Zwei-Euro-Stück über die Verkaufstheke. Das Vanilleeis tropfte schon auf ihre Finger. Sie leckte die weichen Stellen ab. Sie wollte auf jeden Fall bezahlen, aber Lina, die
5 Verkäuferin, war nicht mehr zu sehen. Die Kleine legte das Geld auf die Glasplatte und zog mit ihrem Eis ab.

„Meine Eltern zeigen dich an!", drohte Torsten. „Du tust mir weh und das ist Freiheitsberaubung!"

Lina ließ ihn los. Etwas lag in seinen Worten, das sie
10 mutlos machte. Sie spürte genau, wie schnell man diese Situation anders darstellen konnte. Alles war so leicht zu verdrehen, dann wurde aus Recht Unrecht und aus Unrecht Recht.

Torsten drehte sich zu ihr und rieb den schmerzenden
15 Oberarm. Lina attackierte ihn mit Worten: „Wie oft habt ihr das schon gemacht? Wie viel Geld habt ihr pro Tag rausgeschlagen? Zwanzig Euro? Fünfzig?"

Torsten presste die Lippen zusammen und sagte nichts. Das machte Lina noch wütender. „Jan Silber hat eine Anzei-
20 ge bekommen, weil der Besitzer von dem Laden denkt, Jan hätte das Geld unterschlagen. Ist euch eigentlich klar, was das bedeutet? Ihr müsst die Wahrheit sagen, oder wollt ihr, dass ein Unschuldiger für eure Taten büßen muss?"

„Der Silber ist doch sowieso doof." Torsten sagte das
25 so, als sei es das beste Argument, das er zu seiner Verteidigung vorbringen konnte.

Lina holte mit der Rechten drohend aus. „Ich hau dir gleich eine rein!"

„Na klar", grinste Torsten und hielt demonstrativ seine
30 Wange hin. „Mach nur."

Im letzten Moment erkannte Lina, warum. Jupp, der weißhaarige Bademeister, der eigentlich oben auf dem Kopf eine Glatze hatte, aber seine Haare an den Seiten so lang

wachsen ließ, dass er sie über die kahle Stelle zusammen-
kämmen konnte, stand vor dem Zaun. Er sah erstaunt zu,
was da passierte. Der Wind fegte seine Haare auseinander.
Weil er viel Haarspray benutzte, standen sie jetzt ab wie
zwei weiße Hörner. Er sah aus wie ein Teufel in weißen ₅
Shorts, mit Sonnenbrand auf der Nase. Er war nicht furcht-
einflößend wie ein echter Teufel, sondern wirkte eher wie
ein Teufel aus dem Kasperletheater. Wenn die Kinder ihn
sehen, warnen sie den Kasper mit lauten Rufen. So hatte
Lina es auch gemacht, als sie noch ins Kasperletheater ging. ₁₀
Heute warnten sich die Kinder, wenn Jupp sich näherte,
weil sie rauchten oder im verbotenen Bereich Ball spielten.

Jupps Augen verengten sich. Er sorgte in diesem
Schwimmbad für Ordnung. Nur selten musste er einen
Ertrinkenden retten. Aber er duldete keine Drogen, keine ₁₅
Schlägereien, nahm Kindern konsequent die Zigaretten
weg und passte auf, dass hier niemand belästigt wurde. Die
blöde Eisbude war ihm schon lange ein Dorn im Auge. Die
gehörte hier einfach nicht hin. Doch solange alles umge-
baut wurde, hatte dieser Frederico Oliverio die Genehmi- ₂₀
gung für sein Geschäft.

Jupp wusste nicht, wer von den beiden hinter dem Zaun
im Recht war. Aber der kleine Junge rief um Hilfe und das
große Mädchen drohte ihm. Der Kleine hatte versucht
wegzulaufen. Die Große hinderte ihn daran. Wenn es war, ₂₅
wonach es aussah, dann musste er dem Kleinen helfen.

„Der ist hier eingebrochen", sagte Lina und es hörte
sich gleich nach einer Rechtfertigung an.

„Bin ich nicht!", beteuerte Torsten. „Unser Ball ist hier
rübergeflogen."   ₃₀

Jupp glaubte ihm sofort. Einbruch! So ein Quatsch,
dachte er. Da gibts doch nichts zu holen. Da stehen doch
nur leere Flaschen.

Jan atmete tief durch, aber so sehr er auch einatmete, gegen Yogis aufgeblähten Oberkörper sah er schmächtig aus. Eigentlich überlegte Jan nur noch, wie er ohne großen Gesichtsverlust aus der Sache herauskommen konnte.

Er zeigte auf Maren und betonte: „Ich will nichts von dir, Yogi. Aber sie hat die Flaschen geklaut und ich habe deswegen eine Anzeige laufen."

Puh. Geschafft. Es ist raus, ohne zu stottern und ohne Zittern in der Stimme. Nicht schlecht, dachte Jan und war ganz stolz auf sich.

Aber Yogi zeigte sich unbeeindruckt.

Jan warf einen kurzen Blick auf Maren. Sie wirkte so, als ob sie gerade auf ein Rettungsboot gesprungen sei. Sie war noch nicht entspannt, aber schon sehr erleichtert.

Yogi packte Jan mit der Rechten im Nacken und zog ihn näher zu sich heran. „Und was, wenn das jetzt meine kleine Schwester ist?"

Yogi drückte Jan den Kopf nach unten. Dann ließ er plötzlich los. Jans Kopf schnellte nach hinten und fast wäre er hingefallen. Scheinbar fürsorglich fing Yogi ihn auf. Aber dabei nahm er Jans kleinen Finger und presste ihn nach hinten. Jan zappelte wie ein Fisch an der Angel. Jede Bewegung tat weh. Mühelos zwang Yogi ihn so vor sich auf die Knie.

„Wenn die Bullen hinter dir her sind, werden die wohl wissen, warum. Und du hast nichts anderes zu tun, als meine kleine Schwester zu beschuldigen, du Schwein!"

„Du brichst mir den Finger. Hör auf!"

„Ich soll aufhören? Ich fange doch gerade erst an! Vielleicht hörst du erst mal auf, meiner kleinen Schwester unrecht zu tun! Sie hat all die Flaschen hier im Schwimmbad aufgesammelt. Ich habe ihr von hier aus zugesehen. Sie müsste einen Umweltpreis dafür bekommen. Die Men-

schen sind ja solche Säue! Die werfen einfach alles weg.
Schlimm ist das."

„Nicht!", bettelte Jan. „Bitte hör auf. Das tut weh!"

„Du würdest jetzt bestimmt gerne deiner Mama erzählen, dass Maren die Flaschen geklaut hat, und dann deinem ₅
doofen Klassenlehrer und der Polizei. Das wäre aber sehr
ungesund für dich, Kleiner. Ich könnte das nicht auf meiner Schwester sitzen lassen."

Der Schmerz trieb Jan die Tränen in die Augen. Er rechnete jeden Moment damit, dass der Finger brechen würde. ₁₀
Er hörte es schon knacken. Aber dann ließ Yogi ihn los.

Jan raffte sich auf und sprang ein paar Meter rückwärts.
Dabei krachte er gegen einen Papierkorb aus Stahl, um den
die Wespen schwirrten. Zwei griffen Jan an und er wich
ihnen nicht aus. Hauptsache, weg von Yogi, dachte er. ₁₅

Yogi machte sich einen Spaß daraus, Jan in den Hintern
zu treten. Als Jan wegrannte, rief er: „Halt! Stehen bleiben!
Komm noch mal zurück!"

Warum macht der das?, fragte sich Jan. War es klüger,
jetzt das Weite zu suchen oder wenigstens die Nähe vom ₂₀
Bademeister Jupp – oder sollte er besser zurückgehen, um
Yogi nicht noch wütender zu machen? Klar, Yogi wollte ihn
erniedrigen. Was sonst? Maren sollte sehen, wie Yogi mit
so kleinen Würstchen wie Jan umsprang.

„Du sollst zurückkommen, hab ich gesagt!", befahl Yogi ₂₅
und Jan blieb stehen. Er hatte schon gut zwanzig Meter
Vorsprung, aber er ging zu Yogi zurück. Yogi winkte mit
dem Zeigefinger. Er lächelte dabei nett, aber Jan wusste
natürlich, dass dieses Lächeln verlogen war.

Er zögerte. Noch gab es eine Stimme in ihm, die ihm ₃₀
sagte: Sei nicht blöd! Hau ab! Warum tust du das? Welche
Maus geht freiwillig in die Falle? Du weißt doch, was passieren wird … Aber die Stimme wurde immer leiser, und

Jan fragte sich, ob er wirklich wusste, was Yogi wollte. Es gab in Jan durchaus die aufkeimende Hoffnung, Yogi sei vielleicht gar nicht so schlimm. Vielleicht winkte er ihn nur heran, um sich zu entschuldigen. Er hatte eben vor seiner kleinen Schwester den dicken Mann markiert. Viel- 5 leicht sollte Jan dafür einfach Verständnis haben.

Jan war nur zu bereit, alles sofort zu vergessen und Yogi zu verzeihen. Ja, er sehnte sich richtig danach. Er wollte Yogi nicht zum Feind haben. Sie gingen beide auf die Hans-Bödecker-Schule. Sie würden sich noch zigmal begegnen. 10 Auf dem Pausenflur. Auf dem Schulhof. In der Turnhalle. Auf den Toiletten. Es war schon lange her, aber Jan hatte einmal gesehen, dass Yogi einen Kleinen in die Pissrinne geschubst hatte.

Jetzt war Jan gefährlich nah bei Yogi, voll im Schlagbe- 15 reich seiner Faust. Aber Yogi winkte ihn noch näher heran. Jan konnte nun seinen Nikotinatem riechen. Yogi rauchte Camel ohne. Seine Finger waren gelb. Hier auf der Wiese qualmte er den ganzen Tag. Er kam locker auf ein bis zwei Packungen pro Tag. Außerdem roch Jan das Sonnenöl, mit 20 dem Yogi sich eingerieben hatte.

Nun war das Ohr von Jan ganz nah an Yogis Lippen. Für einen Moment befürchtete Jan, Yogi könnte zubeißen, aber das tat er nicht. Er flüsterte stattdessen: „Weißt du, was zu deinem Haarschnitt gut passt?" 25

Jan wusste nicht, worauf Yogi hinauswollte. Kaum merklich schüttelte er den Kopf.

Yogi streichelte fast liebevoll über Jans mit Gel hochgestrichenen Haare: „Ich finde, dazu passt klasse ein doppelter Kieferbruch." 30

Jan erschrak und zuckte zurück, aber Yogi hielt ihn an den Haarspitzen fest: „Wenn ich dich morgen sehe, hast du eine anständige Frisur. Ist das klar?"

Jan hatte kaum genug Luft in den Lungen, um zu sprechen. Ihm war schwindelig. „Klar", hauchte er.

Yogi zog fester an den Haaren.

Jan wiederholte: „Ja. – Klar, Yogi."

Yogi ließ Jan los und machte mit der Rechten eine
Handbewegung, als würde er eine Wespe vertreiben. Das
hieß: Verschwinde. Und genau das tat Jan. Augenblick-
lich.

Als er von Yogis Decke wegrannte, wusste er eines: Er
wollte nicht, dass irgendjemand erfuhr, was ihm passiert
war. Das sollte ein Geheimnis bleiben zwischen ihm und
Yogi. Er hoffte, dass auch Maren den Mund hielt. Am liebsten hätte Jan die letzten Minuten völlig aus seinem Leben
getilgt. Er schämte sich abgrundtief dafür. Und er wusste:
Er würde sich die Haare schneiden lassen. Noch heute.

Als Jan bei Lina ankam, fischte die gerade ihr Handy aus
dem Erdbeereis. Sie war wütend und fühlte sich, als könnte
sie jeden Moment explodieren. Dann sah sie das Zwei-Euro-Stück auf der Glasplatte. Es gab also auch noch ehrliche
Menschen, dachte sie erleichtert. Trotzdem klatschte sie
das Eis so zornig in die Waffeln, als ob es an allem schuld
wäre.

Sie sah Jan und er brauchte gar nichts zu sagen. Er war
auch keinen Schritt weitergekommen.

Kapitel 25

Jan stand zu Hause mit nacktem Oberkörper vor dem Spiegel im Bad. Seine Eltern waren nicht da. Er hatte sich gegen den Frisör entschieden. Er konnte sich nicht vorstellen, einen anderen Menschen bei dieser Verstümmelung mit dabeizuhaben. Bestimmt würde er heulen. Nein. Er musste das hier allein tun.

Er überprüfte die Einstellung am Gerät. Es war eine Art Rasierapparat. Sein Vater schnitt sich selbst damit die Haare, um Geld zu sparen. Die Schnittlänge konnte eingestellt werden. Drei Millimeter. Fünf. Acht. Oder sogar ein Zentimeter. Dann musste man mit dem Ding nur noch über den Kopf fahren wie mit einem Rasenmäher, und schon war alles erledigt. Jans Vater brauchte nur noch ein paar Sekunden für seine Frisur. Aber genauso sah er auch aus, fand Jan.

Er setzte den Apparat an und sah im Spiegel zu, wie der Scherkopf seine Haarpracht niedermetzelte und nur drei Millimeter stehen ließ. Es kam ihm unwirklich vor. Etwas in ihm schrie: Stopp! Bist du verrückt? Aber da war noch etwas anderes in ihm, das sagte: Richtig, Jan. Leg dich nicht an mit ihm. Tu, was er sagt, und schweig. Das ist besser für dich.

Kapitel 26

Inga Sträußen hatte Yogi um ein Treffen gebeten. Es fand in dem Waldstück zwischen Köln-Dellbrück und Bergisch Gladbach statt. Inga ging mit rasendem Herzen, aber fest entschlossen an den Pferdeweiden vorbei auf den Wald zu. Gern wäre sie stehen geblieben, um das Fohlen zu streicheln, das so vertrauensvoll und liebesbedürftig

Bergisch Gladbach
Stadt bei Köln

neben ihr herlief. Sie waren nur durch den Zaun getrennt. Das Fohlen schnaubte. Aber Inga hatte keine Zeit. Yogi dirigierte sie übers Handy.

Er musste hier irgendwo sein, denn er sah ihr zu. „Ja, du bist schon ganz richtig. Jetzt bei der Weggabelung nach links auf den Wald zu. Ja. Genau. Komm einfach in den Wald hinein. Folge dem Weg."

Inga sah sich um. Er musste dort oben in dem Hochstand sitzen, denn dort blitzte ein Glas in der Abendsonne. Klar, dachte sie, er hat sich dort versteckt und beobachtet mich mit dem Fernglas. Er will sehen, ob ich wirklich alleine komme. Deshalb sollte ich diesen Weg nehmen. Er ist schlau. Wenn mir jemand folgen würde, könnte er sich nicht verstecken. Hier bei den Pferdeweiden ist das Sichtfeld frei und unverstellt.

Inga schwitzte. Sie schlug nach einer Bremse, die sich an ihrem Hals festsaugen wollte. Stechmücken, Bremsen und anderes Viehzeug liebten Ingas helle Haut. Sie hatte irgendetwas an sich, das diese Plagegeister anzog. Ein Glück, dass ich keinen Rock angezogen habe, sondern meine Jeans, dachte sie. Diese Mistbremse würde mir sonst die ganzen Beine zerstechen.

Bremse
Stechfliege

Ein Blutsauger versuchte es sogar durch den Hosenstoff.

Inga erreichte den Waldrand und trat ein in den kühlenden Schatten der Bäume. Jetzt ertönte wieder Yogis Stimme durchs Handy: „Was hast du drunter an?"

„Häh? Was? Wo drunter?"

„Na, unter deinen Klamotten! Trägst du diesen tollen pinkfarbenen Bikini, den dein kleiner Bruder dir geschenkt hat?"

Die Unverschämtheit der Frage verschlug Inga die Sprache. Gleichzeitig begriff sie, dass Klaus ihr den Bikini geschenkt hatte, weil Yogi es von ihm verlangt hatte.

„Nein, ich habe keinen Bikini drunter an."

„Was dann?"

„Das geht dich gar nichts an! Wo bist du?"

„Hier!", sagte er ruhig.

Sie fuhr herum. Yogi stand hinter ihr. Er schlug ihr ₅ sofort ins Gesicht. Sie duckte sich, weil sie einen zweiten Schlag erwartete. Der kam aber nicht.

Als sie sich wieder gefangen hatte, fragte sie: „Warum hast du das gemacht?"

Er grinste: „Weil es mir Spaß macht."   ₁₀

Inga tastete ihr Gesicht ab. Es schwoll auf der linken Seite an. Sie musste sich auf die Zunge gebissen haben, denn sie schmeckte Blut.

Yogi zündete sich eine Camel ohne an. Er deutete ihr an, sie solle ihm folgen. Ohne sich nach ihr umzusehen, ₁₅ ging er voran in den Wald. Er war sich ganz sicher, dass sie ihm direkt auf den Fersen blieb.

Er inhalierte den Rauch tief. Immer wieder musste Inga durch eine Qualmwolke. Yogi mied den markierten Waldweg. Er ging stattdessen über einen Trampelpfad und ₂₀ schließlich durch dichtes Gestrüpp.

Inga stellte sich die bange Frage, wo er sie hinführte. Sie berührte mit dem Zeigefinger ihr Zahnfleisch und ihre Zähne. Zum Glück hatte er ihr keinen Zahn ausgehauen. Was bist du nur für ein Schwein, Yogi?, dachte sie. Was ₂₅ musste Klaus für Qualen erlitten haben, ohne ihr etwas davon zu erzählen.

Sie kamen bei einem kleinen Tümpel mit grünem, fauligem Wasser an. Direkt dahinter gab es eine Vertiefung im Boden, geschützt durch ein dichtes Brennnesselfeld. ₃₀ Dahinter waren ein Erdwall und die großen Wurzeln einer alten Linde als Versteck. Mit ein paar Ästen und Brettern war alles so hergerichtet, dass ein harmloser Wanderer nichts von Menschenhand Gemachtes entdeckte. Aber wenn man näher kam, war da ein Regendach, eine Matratze, ein alter Sessel, eine Fußbank. Außerdem ein leerer Kasten Bier und eine Feuerstelle, in der angekokelte Silberfolie lag. Darin vermutete Inga noch einige Kartoffeln.

Yogi setzte sich in den Sessel. Der quietschte. Mit großzügiger Geste bot er Inga Platz auf der Matratze an. Sie setzte sich in den Schneidersitz. Sie kapierte sofort, warum Yogi im bequemen Sessel saß. So musste sie die ganze Zeit zu ihm aufsehen und er konnte auf sie herabgucken.

Er schnippte mit den Fingern. Sie überlegte. Was wollte er von ihr?

Er wurde sofort ungeduldig, weil sie seine Wünsche nicht erriet. „Dein Handy!", zischte er. Sie gab es ihm. Er stellte es aus und nahm den Akku raus. Dann warf er es neben Inga auf die Matratze.

„Wir wollen doch beide nicht, dass uns jemand zuhört, nicht wahr?", sagte er. Dann wurde sein Blick zornig: „Hast du sonst noch was dabei?"

„Was meinst du?"

„Handy? Tonband? Diktiergerät? Kamera?"

Sie schüttelte den Kopf. „Nein, nichts."

Er musterte sie kritisch. „Zieh dich aus."

„Was? Spinnst du?"

Seine Stimme nahm einen drohenden Unterton an. „Oder möchtest du lieber, dass ich dich abtaste?"

„Ich will nichts von beidem. Ich will nur mit dir reden."

Yogi überlegte einen Moment. Dann hob er drohend den Zeigefinger: „Glaub ja nicht, dass du mich reinlegen kannst."

Fast beschwörend sagte Inga: „Ich habe wirklich nichts bei mir, um dieses Gespräch aufzunehmen. Ich will nur mit dir reden, Yogi. Bitte."

Mit einer königlichen Geste, als würde er großzügig

Land an seine getreuen Krieger verschenken, gab er ihr das
Wort. „Also bitte – was willst du von mir?"

Inga sah Yogi mit großen Augen an. Sie kämpfte mit
den Tränen, als sie sagte: „Bitte lass meinen kleinen Bruder in Ruhe."   5

Yogi lachte: „Klaus ist mein Sklave."

„Ich weiß. Er hat es mir erzählt."

„Hm. Dafür hat er eine ordentliche Abreibung verdient. Sklaven dürfen ihre Herren nicht preisgeben. Wo
kämen wir denn da hin?"   10

„Bitte ... er ist mein kleiner Bruder."

Diese Bemerkung wischte Yogi mit einer Handbewegung
weg, als ob er eine Fliege vertreiben wollte. „So, so. Ich soll
ihn in Ruhe lassen. Das ist nicht so einfach. Dein Bruder war
teuer. Was krieg ich dafür, wenn ich ihm die Freiheit gebe?"   15

„Teuer?", entfuhr es Inga. Sie hatte sich so sehr vorgenommen, freundlich zu Yogi zu sein und ihn auf keinen
Fall zu provozieren, aber jetzt war sie kurz davor auszuflip-
pen. „Hast du ihn etwa gekauft?"

Yogi nickte, als sei das ganz selbstverständlich.   20

„Von wem denn?"

„Von Sandokan. Als der von der Schule abging, hat er all
seine Sklaven verkauft."

Davon hatte Klaus ihr nichts erzählt. Sein Leidensweg
war also schon lang. Sie fand es unter ihrer Würde zu fra-   25
gen, wie viel Klaus gekostet hatte. Stattdessen sagte sie
selbstbewusst: „Was immer du für Klaus bezahlt hast, ich
gebe dir das Doppelte, wenn du ihn in Ruhe lässt."

Yogi schüttelte den Kopf. „Nein, so geht das nicht. Geld
habe ich selbst genug. Meine fleißigen Sklaven schaffen   30
viel für mich an. Wenn du willst, dass ich deinen kleinen
Bruder freilasse, musst du mir Ersatz beschaffen."

„Wie, Ersatz? Einen anderen Sklaven?"

Yogi beantwortete die Frage nicht. Stattdessen sagte er: „Weißt du, warum dein kleiner Bruder mir nicht längst weggelaufen ist?"

Inga wusste es nicht. Sie schüttelte den Kopf. Sie war nass geschwitzt und ihre blonden Haare klebten ihr im Gesicht.

Yogi beugte sich vor. Er nahm Ingas Hand und streichelte sie liebevoll. „Weil ich ihm versprochen habe, dir dann all deine zarten Klavierspielerfingerchen zu brechen."

Gleichzeitig drückte er ihre Finger nach hinten. Inga wusste nicht, was stärker war, der rasende Schmerz in den Fingern oder die Erkenntnis, dass ihr Bruder das alles nur für sie getan hatte. Solche Qualen und Erniedrigungen nahm er auf sich, nur damit ihr niemand wehtat? Inga schossen Tränen in die Augen und rollten ihre Wangen hinunter.

Yogi ließ sie los und stieß sie um. Er stand auf, drehte ihr den Rücken zu und zündete sich eine neue Zigarette an. „Ich glaube, wir lassen besser alles, wie es ist", sagte er und sog den Qualm tief ein.

„Nein!", flehte Inga. „Nein, bitte nicht. Wenn du kein Geld willst, was dann?"

Sie kroch auf allen vieren um ihn herum, um in sein Gesicht zu sehen. Sie wagte es nicht, sich aufzurichten. Er sah auf sie herab und rauchte. Sie musste selbst darauf kommen, was er von ihr wollte.

Inga hatte es längst begriffen. „Bitte lass meinen kleinen Bruder in Ruhe. Nimm mich stattdessen."

Yogi tat überrascht: „Dich?"

„Ja. Bitte nimm mich."

„Hm", er strich sich nachdenklich übers Kinn. „Du bittest also darum, dass ich dich als Sklavin in meine Dienste einstelle?"

Sie nickte heftig, dann krampfte sich ihr Magen zusammen.

„Du weißt, was das heißt?"

Sie wusste es nicht wirklich, aber sie nickte erneut. Sie wollte ihren Bruder von diesem Terror befreien. Nur das war wichtig.

„Okay", sagte Yogi und tat, als sei das sehr großzügig von ihm. „Ich will es mit dir versuchen. Aber dann brauch ich zuerst ein Video von dir."

Er beugte sich zu ihr und strich ihr die klebrigen Haare aus dem Gesicht. „Nicht so ein Spaßvideo. Kein Sprung vom Zehner oder so."

Inga wunderte sich, dass sie die Worte überhaupt herausbekam. Ihr Hals war ausgetrocknet. Ihre Zunge kam ihr doppelt so dick vor wie sonst. „Was für ein Video denn?"

Yogi schmunzelte. „Eins, das dafür sorgt, dass du ganz mir gehörst und nicht morgen zu Herrn Hügelschäfer rennst oder zur Polizei."

Herr Hügelschäfer Vertrauenslehrer an der Hans-Bödecker-Schule

„Was ... was soll das denn sein?", fragte Inga ängstlich.

Yogi zog sein Handy vom Gürtel. „Deinen kleinen Bruder habe ich dabei gefilmt, wie er Autos auf dem Parkplatz demoliert hat. Willst du mal sehen?"

Inga starrte Yogi an. Es war alles noch viel schlimmer, als sie gedacht hatte.

„Das ist kein Tauschfilm. Der ist nur zu meiner Versicherung da, damit mein kleiner Sklave nicht untreu wird. Er ist super drauf. Guck mal."

Yogi hielt ihr das Display von seinem Handy nah vors Gesicht. Zunächst erschien das deutlich erkennbare Gesicht von Klaus. Er sagte in die Kamera: „Ich heiße Klaus Sträußen und werde nun mit dieser Eisenstange den silbernen Mercedes dort zerdeppern. Er gehört meinem Lehrer, dem doofen Hügelschäfer. So, du bescheuerter Arsch, jetzt guck mal, was ich mit deinem Auto mache!"

Die nächsten Szenen zeigten Klaus, wie er mit einem

Brecheisen in den Kühler schlug, Türen und Verdeck zerkratzte und dann die Scheiben splittern ließ.

Inga stöhnte. Ihr war schwindelig. „W...was soll ich machen?"

Yogi grinste: „Ich glaub, ich hab da schon eine tolle Idee. Aber zuerst will ich mal sehen, ob du überhaupt das Zeug zu einer guten Sklavin hast."

Er ging ein paar Meter aus dem Versteck heraus zu dem Brennnesselfeld. Er fingerte einen Lederhandschuh aus seiner Jeans und ein Messer.

Wozu, verdammt, hat der bei dem Wetter Handschuhe bei sich?, dachte Inga.

Kapitel 27

Sie trafen sich wie verabredet bei Lina. Linas Großvater hatte eine Pfanne Bratkartoffeln gemacht. Dazu gab es Spiegeleier.

Jan kam ein bisschen zu spät. Günter Grün fand das seltsam, denn eigentlich ging es ja um ihn. Schließlich lief gegen ihn die Anzeige.

Günter Grün öffnete Jan die Tür. Natürlich konnte er sich eine Bemerkung über Jans neue Frisur nicht verkneifen. Zum Glück wiederholte er nicht den Satz von Jans Vater: *Na, bist du endlich vernünftig geworden?* Das hatte Jan sehr getroffen. Was hatte ein Haarschnitt mit Vernunft zu tun? Die schreckliche Wahrheit hatte er seinem Vater sowieso nicht sagen können. Also hatte er geantwortet: „Ja, Papa. Irgendwann werden alle vernünftig."

Günter Grün scherzte. „He, Junge, bist du die Treppe heruntergefallen?"

„Ja", lachte Jan. „Und dabei sind mir die Haare abgebrochen."

Lina sah das nicht ganz so locker. Sie fand die neue Frisur „echt bescheuert".

Tim strich sich die langen Engelshaare aus dem Sichtfeld und sagte: „Du siehst echt brutal aus, Alter." Damit hatte er zweifellos Recht.

Jan und Tim waren sowieso zwei völlig unterschiedliche Typen. Jan war klein und hatte dunkle Haare. Tim war groß, schlaksig, mit abstehenden Ohren und flusigen Haaren. Tims Augen waren wasserblau, die von Jan braun.

Doro fand, dass es wichtigere Dinge gab als Jans Frisur. Sie wollte endlich beginnen. Aber vorher aßen sie noch. Danach stellte Lina ein Flipchart auf. „So", sagte sie mit dem Stift in der Hand wie eine Lehrerin, „was haben wir bis jetzt?"

Doro hatte den Eindruck, dass Lina Annette Köster nachmachte. Wollte sie nicht mehr Schauspielerin werden, sondern Kommissarin? Oder spielte sie nur Kommissarin, um eine bessere Schauspielerin zu werden? Die Nummer mit dem Flipchart und den bunten Stiften beeindruckte Doro schon. Es machte alles so richtig. So „professionell".

Opa Grün saß auf seinem Lieblingsstuhl und sah zu.

Tim zählte auf: „Klaus Sträußen ist zitternd vor Angst zweimal vom Zehner gesprungen. Das Ganze tauchte dann auf Videos auf, die per Handy getauscht werden, unter anderem von Kai Lichte und Hannes Metzner. Ich habe auch einen Film gesehen, in dem Klaus Sträußen von einer Treppe auf Kommando auf ein Pärchen pinkelt. Der Typ hat Klaus dann verhauen und jemand hat das alles gefilmt. Ich frage mich, warum Klaus so etwas macht. Er musste damit rechnen, dass dieses Pärchen sich das nicht gefallen lässt. Trotzdem hat ihn jemand dazu gebracht, das zu tun.

Er muss der Sklave von jemandem sein."

„Warum wird einer denn Sklave?", fragte Doro verständnislos.

„Weil ihn jemand gefügig macht. Mit Drogen zum Beispiel", mutmaßte Tim.

„Du meinst, jemand hat Klaus Sträußen so sehr an der Leine – mit Drogen oder sonst wie –, dass Klaus alles tut, was der will?", fragte Jan. Seine Haut unter dem T-Shirt begann plötzlich zu jucken.

„Ja", sagte Tim. „Das meine ich. Hannes hat von Sklaven erzählt. Außerdem hat er auch Filme von seiner großen Schwester beim Duschen und angeblich Videos aus der Mädchenumkleide von unserer Schule. Da ist aber keine Kamera eingebaut."

„Also", fügte Doro hinzu, „muss ein Mädchen den Film gemacht haben, denn ein Junge wäre in der Mädchenumkleide wahrscheinlich aufgefallen."

Opa Grün wunderte sich sehr, stellte aber keine Zwischenfragen. Er war stolz, dabei sein zu dürfen. Die Jugendlichen mussten sehr viel Vertrauen zu ihm haben. Er wollte ihnen zeigen, wie sehr er das wertschätzte.

Lina schrieb die genannten Namen an, machte Kringel darum und verband alles mit Pfeilen. Noch sah es sinnlos aus.

„Ich habe Klaus Sträußen mal kostenlos Nachhilfe in Mathe gegeben", sagte Lina und schrieb ihren eigenen Namen an.

„Hätte ich auch nötig", warf Jan ein.

„Nun behauptet seine Mutter, ich hätte dafür Geld kassiert und das Geld mit Klaus geteilt."

Doro folgerte: „Das kann ihr nur Klaus erzählt haben. Das bedeutet, er hat all die Kohle selbst verbraten und dich vorgeschoben."

Lina malte einen weiteren Kringel um Klaus' Namen. Diesmal mit Rot. Dann deutete Lina auf Jan, als würde sie ihm das Wort erteilen.

Er druckste eine Weile herum, was sonst nicht seine Art war. Dann, als alle Augen auf ihn gerichtet waren, räusperte er sich, fuhr mit der rechten Hand über seine Stoppelhaare und sagte: „Ich werde verdächtigt, Geld aus der Kasse genommen zu haben. Die Anzeige läuft noch. Erst haben wir Klaus Sträußen verdächtigt, weil er mal auf den Eisstand aufgepasst hat, als ich zum Klo musste. Aber inzwischen wissen wir, wie es läuft ..." Er sprach mit trockener Stimme und wurde immer leiser, bis er schließlich verstummte.

Lina begriff nicht, warum. Sie redete für ihn weiter: „Ein paar Kids klauen die leeren Pfandflaschen und tauschen sie gegen Bares ein."

Opa Günter pfiff leise durch die Lippen. „Clever", sagte er anerkennend.

„Wir haben zwei erwischt, Torsten und Maren."

„Gut", sagte Günter Grün.

„Aber das nützt uns leider nichts, denn der Torsten hat einfach behauptet, er habe nur einen Ball über den Zaun geschossen und wollte den holen. Der Bademeister hat ihm geglaubt."

„Clever", sagte Günter Grün noch einmal. „Verdammt clever." Es hörte sich ein bisschen so an, als würde er die Täter bewundern. Aber das war nicht so. Er zog nur seine eigenen Rückschlüsse.

„Der Maren können wir auch nichts nachweisen", sagte Jan kleinlaut. „Sie hatte zwar eine Tüte leerer Flaschen, aber sie hat behauptet, die hätte sie alle im Schwimmbad aufgesammelt."

Wieder nickte Opa Grün anerkennend.

Jan fuhr fort: „Yogi, ihr Bruder, bestätigt das. Er hat es angeblich gesehen. Das ist natürlich gelogen, aber ich kann ihn verstehen. Er nimmt seine kleine Schwester in Schutz."

„Yogi – der Muskelmann?", fragte Doro.

Jan nickte. „Ja. Genau der."

„Der hat überhaupt keine Schwester. Das weiß ich genau."

„Und wieso sagt er das dann?", fragte Tim.

Jan zuckte mit den Schultern. „Ist doch egal."

Opa Grün schmunzelte. „Also, Kinder, wenn ich als alter Kripomann mal etwas dazu sagen darf: Das hört sich alles so ausgefuchst und durchdacht an, das haben die vorher geübt."

„Wie – geübt?", fragte Tim entgeistert.

„Na ja, ich weiß doch, was mit Kindern passiert, die auf frischer Tat geschnappt werden." Günter Grün sah sich in der Runde um. Dann flüsterte er fast: „Sie fangen an zu heulen und gestehen sofort alles. Es sei denn ...", er nahm einen Schluck Tee, „... es sei denn, jemand hat vorher mit ihnen eingeübt, was sie sagen und machen sollen. Dann spielen sie ihr gelerntes Programm ab."

„Du meinst, Opa", fragte Lina, „es gibt jemanden im Hintergrund, der den Flaschenklau organisiert?"

Opa Grün nickte. „Hört sich ganz so an. Ihr habt gut als Ermittler gearbeitet, aber ihr steht mit leeren Händen da. Es steht Aussage gegen Aussage."

„Und was würdest du im Fall Klaus Sträußen tun, Opa?", fragte Lina.

Er wiegte den Kopf hin und her. „Sprecht mit ihm und mit euren Lehrern. Dieser Hügelschäfer ist doch ganz nett. Das mit den Videos ist eine Sauerei."

„Wir haben zwei Fälle", sagte Lina. „Wir müssen unsere nächsten Schritte planen."

Wieso, dachte Doro, werde ich das Gefühl nicht los, dass beides miteinander zusammenhängt? Diese Videogeschichte und der Pfandflaschenklau. Sie schlug mit der flachen Hand auf den Tisch und stellte die Frage laut.

Eine Weile saßen alle ratlos herum. Lina umkringelte noch einmal jeden Namen am Flipchart, als ob dadurch alles deutlicher werden würde.

Dann sagte Tim wie zu sich selbst: „Beide Fälle haben wirklich etwas gemeinsam: Jemand bringt andere dazu, etwas zu tun."

Doro fand die Bemerkung von Tim überflüssig, aber sie mochte ihn sehr, darum tat sie, als ob das ein sehr kluger Satz gewesen wäre. Aber Jan sagte: „Ja, klasse. Das bringt uns aber leider auch nicht weiter."

Opa Grün knetete sein Gesicht durch. Er sah müde aus. Vielleicht war es gut, dass er endlich pensioniert war.

Jan zeigte seine Vorladung bei der Polizei. Der Zettel war mit *Annette Köster* unterschrieben. Jan hatte Angst, die ganze Sache könnte an ihm hängen bleiben. Seine Eltern würden in dem Fall nicht zu ihm halten. Seine Mutter vielleicht, ein bisschen. Sein Vater garantiert nicht. Er würde einen Anwalt brauchen, um aus der Sache herauszukommen, und Anwälte waren teuer. Wieder einmal beneidete er Tim. Seine Familie hatte Anwälte. Tim hätte bestimmt nicht alleine zur Vernehmung gehen müssen.

Außerdem hatte Jan Angst, der Polizei die Wahrheit zu sagen. Wenn die Kripo ihm glauben würde, hätte er ab dann Yogi am Hals, und der konnte verdammt eklig werden. Was soll ich tun?, fragte Jan sich. Was?

Opa Grün las es in Jans Gesicht. Er hatte im Laufe seines Lebens so viele Beschuldigte vernommen, er konnte den meisten ansehen, wenn sie Seelenqualen hatten oder mit ungelösten Konflikten kämpften. Der Junge tat ihm Leid.

„Wenn das alles so stimmt", sagte Günter Grün, „wieso ist dann der Fehlbetrag in der Kasse? Sie müsste doch stimmen. Jedes Mal, wenn du eine Pfandflasche annimmst, gibst du das doch in die Kasse ein. Es ist also alles durch die Quittungen nachzuvollziehen."

Jan und Lina schüttelten die Köpfe. „Nein, Opa. Es gibt zwar eine Kasse, aber keine Bons. Das Ding funktioniert die meiste Zeit nicht."

Opa Grün zog die Augenbrauen hoch. „Ich bin mir nicht sicher, ob das erlaubt ist. Ich glaube, dein Chef betrügt das Finanzamt. Deshalb gibt es keine richtigen Bons."

Tim verstand nicht ganz. Jan auch nicht. Aber Doro sofort, denn ihre Eltern hatten einen Computerladen. Ihr Vater schimpfte immer über die viel zu hohen Steuern, und manchmal verkaufte er ein Gerät ohne Quittung, also am Finanzamt vorbei, an einen Kunden. Genauso machte es Frederico Oliverio. Er versteuerte auch nicht alles.

„Vielleicht kann uns das noch nützen", sagte Günter Grün. Er konnte sich durchaus vorstellen, dass man Frederico Oliverio dazu bringen konnte, seine Anzeige zurückzuziehen.

Sie schmiedeten einen Plan. Lina wollte mit Klaus Sträußen reden. Tim sollte versuchen, über Hannes einen Sklaven zu kaufen und neue Videos, um zu sehen, was hinter der Sache steckte. Doro vermutete immer noch, dass irgendwelche Drogen im Spiel waren. Was wirklich bei seiner Begegnung mit Yogi passiert war, verschwieg Jan aus Scham.

Kapitel 28

Yogi schnitt eine Hand voll Brennnesseln ab. Mit seiner behandschuhten Hand hielt er sie unten fest. Es sah aus, als würde er sich Inga mit einem Strauß Blumen nähern. Sie wusste nicht, was er vorhatte, und als er es tat, weigerte ihr Verstand sich, es zu glauben. Er fuhr mit den Blättern 5 der Brennnesseln fast zärtlich über ihre nackten Arme.

Im ersten Moment spürte sie das Feuer noch nicht auf der Haut, so verblüfft war sie. Er hatte sich sofort ihre Schwachstelle herausgepickt: ihre empfindliche Haut.

„Warum – tust du das?", fragte sie, wagte aber nicht, 10 sich zu bewegen.

Yogi ließ die Brennnesseln rauf zu ihrem Hals wandern und Inga begann zu zittern. Der Juckreiz auf der Haut kam mit dem Zittern.

„Weil es mir Spaß macht", sagte Yogi. Inzwischen hatte 15 er jeden freien Zentimeter ihrer Haut mit den Brennnesseln berührt.

Sie versuchte, ihm ins Gesicht zu sehen. Wenn ich ihm in die Augen gucke, dachte sie, hört er vielleicht auf. Niemand kann so gemein sein, wenn man ihm dabei 20 in die Augen sieht. Aber sie bekam keinen Blickkontakt. Er war ganz auf die Brennnesseln fixiert und sah ihrem grausamen Spiel zu wie ein Kind, das vor dem Herd sitzt und sich auf den Geburtstagskuchen freut, der darin langsam aufgeht. Er wirkte auf eine irre Art glücklich, fand 25 Inga. Wieder musste sie an ein Kind denken, versunken in ein harmloses Spiel. Dann ging er ein paar Schritte zurück und betrachtete sie von weitem. Was er sah, gefiel ihm.

Das Jucken wurde unerträglich. Inga begann sich zu 30 kratzen.

Yogi schüttelte den Kopf. „Lass das", sagte er fürsorglich, „es wird sonst alles nur noch schlimmer."

Es gefiel ihm zuzusehen, wie sie dastand und versuchte,
sich nicht zu kratzen. Sie pustete sich über die Arme, aber
die Kühlung half nur einen kurzen Moment. Sie brauchte
Eiswürfel. Am liebsten wäre sie in ein ganzes Schwimmbecken voller Eis gestiegen.

Am schlimmsten war es am Hals. Sie drückte ihre Hand-
flächen auf den Hals, um ihn zu kühlen, aber das half nicht.
Inga verlagerte ihr Gewicht von einem Bein aufs andere.
Wie konnte sie nur in diese Situation geraten?

„Hast du das mit meinem Bruder auch gemacht?", fragte
Inga. Offensichtlich hatte Klaus ihr längst nicht alles erzählt.

Yogi machte sein Handy filmbereit. Er wusste, dass der
Tanz gleich erst richtig losgehen würde.

„Ja klar", sagte er stolz. „Da muss jeder Sklave durch.
Es ist die Feuerprobe. Dein kleiner Bruder ist hinterher in
den Dreckstümpel da hinten gesprungen. Für ein bisschen
Kühlung tun manche alles."

„Lass mich jetzt gehen", bettelte Inga. „Für heute reicht es."

Aber Yogi betrachtete sie schon durch das Auge seiner
Kamera. „Jetzt kommen die Beine dran", sagte er voller
Vorfreude. „Los, zieh die Jeans aus. Aber beeil dich. Es wird
langsam für gute Aufnahmen zu dunkel im Wald. Du willst
doch nicht, dass wir morgen alles noch mal von vorne drehen müssen, oder?"

Inga schüttelte sich. Sie glaubte, dass es kein Entkommen mehr gab. Rasch pellte sie sich aus ihren Jeans.

Yogi ging mit seinen Brennnesseln einmal um sie
herum. Dann begann er, damit ihre Beine zu streicheln.
Erst die Waden, dann die Oberschenkel.

„Wo brennt es mehr?", fragte er neugierig. „An den
Armen oder an den Beinen?"

Ingas Muskeln krampften sich zusammen. „Bitte hör auf damit!", flehte sie. „Ich werde gleich ohnmächtig. Mir wird schlecht."

Yogi machte weiter, als hätte sie gar nichts gesagt. Doch Ingas Magen presste den gesamten Inhalt hoch. Der erste Schub schoss aus ihr heraus. Danach kniete sie würgend an der Wurzel der großen Linde. Sie merkte nicht einmal, dass Yogi sie filmte, und als er sagte: „Dreh dich mal um, damit ich dein Gesicht drauf kriege", da tat sie auch das. Es war ihr jetzt sowieso alles egal. Und wenn ich jetzt sterben müsste, dachte sie, ich hätte nichts dagegen.

„Ab morgen", sagte Yogi, „erzählst du jedem in der Schule, dass du in mich verliebt bist und dass du mir ständig glühende Liebesbriefe schreibst."

Inga dachte, sie hätte nichts mehr im Magen. Aber jetzt erbrach sie erneut. Diesmal auf ihre Jeans.

„Macht nichts", tröstete Yogi sie höhnisch. „Ab morgen brauchst du die sowieso nicht mehr. Ab jetzt kommst du nur noch in Miniröcken zur Schule, damit jeder sieht, wie du versuchst, mich anzumachen. In der Pause machst du mir schöne Augen. Den ersten Liebesbrief erwarte ich morgen früh – in Schönschrift –, und gib dir Mühe. Ich sammle Liebesbriefe. Die Konkurrenz ist groß. Ab dann bekomme ich täglich einen. Mindestens drei Seiten lang."

„Klar. Bekommst du. Du kannst dich drauf verlassen."

Inga zog die Jeans weiter hoch. Der nasse Fleck tat sogar gut. Er brachte ein bisschen Kühlung.

„Also gut, gehen wir", sagte Yogi. Er lief sorglos, fast tänzelnd voran.

Komisch, dachte Inga. Er hat gar keine Angst. Woher nimmt er die Sicherheit, dass ich ihm nicht einfach von hinten mit einem Holzknüppel den Kopf einschlage ... und warum tu ich es nicht?

Kapitel 29

Doro saß zu Hause am Computer und surfte im Internet. Einer plötzlichen Eingebung folgend tippte sie *Sklaven und Herren* in die Suchmaschine ein. Sie wurde zur Homepage weitergeleitet. Aber die Frontseite gab wenig
5 her. Sie brauchte ein Passwort, um reinzukommen.

Sie versuchte es mit *Klaus Sträußen.*

Sommer.

Herbst.

Winter.

10 *Dick.*

Doof.

Hermes.

Alles vergeblich. Sie tippte die Namen aller Klassenkameraden ein, dann die der Lehrer. Zuletzt fiel ihr Sandokan
15 ein. Der hatte im Frühjahr die Schule verlassen müssen. Angeblich war er mit seinen Eltern nach Berlin gezogen. Treffer! *Sandokan* war der Türöffner.

Herzlich willkommen!

Dies ist die Seite der Herren.

20 *Hier zeigen wir unsere Sklaven und führen sie vor.*

Falls du auch Videos mit Kunststücken deiner Sklaven einstellen willst, gehe hier weiter.

Wenn du dir unsere Filme ansehen oder herunterladen willst, klick hier.

25 Doro klickte den Pfad Filme ansehen an. Sofort erschienen auf dem Bildschirm mehrere Standfotos aus Videos. Daneben standen die Titel:

Die Mädchenumkleide der Hans-Bödecker-Schule:
Teil 1 – Die Girls aus der 8 a
Teil 2 – Duschen nach dem Basketballturnier
Mit Susie auf dem Klo
Ein Angsthase springt
Zielschiffen
Meine große Schwester:
Teil 1 – Duschen
Teil 2 – Saturday night fever
Teil 3 – Heulsuse
Maren hat Geburtstag
Brennnesseln 1 – 12

Es ging auf den nächsten Seiten endlos weiter. Es gab
eine Fotogalerie aller Sklaven und eine ihrer Herren.
Doro sah sie sich an. Dann klickte sie den Film *Die Mäd-*
chenumkleide der Hans-Bödecker-Schule – Die Girls aus der
8 a an. Es waren scharfe, gut ausgeleuchtete Bilder. Doro
erkannte Saskia sofort. Sie zog sich ganz nah bei der Kamera um und reckte ihren Hintern breit ins Bild. Aus der
Kameraperspektive folgerte Doro, dass die Kamera auf der
Holzbank stand. Vermutlich hatte eins der Mädchen sie in
einer Tasche hereingeschmuggelt und so hingestellt, dass
möglichst viele gute Aufnahmen herauskamen. Die Kame-
rastellung wurde nicht mehr verändert.

Tim hatte also Recht. Es war tatsächlich ein Mädchen
beteiligt! Doro fand es immer noch unfassbar. Sie wollte diese Erkenntnis mit jemandem teilen und wählte die
Nummer von Lina. Aber dort war besetzt.

Kapitel 30

Klaus Sträußen hatte sich in der Wohnung richtig ein-geigelt. Vorsichtshalber machte er kein Licht. Trotz der Hitze ließ er die Fenster geschlossen und die Rollläden unten. Er öffnete nicht, wenn es an der Tür klingelte, und ging auch nicht ans Telefon. Wie lange hatte er Angst vor jeder SMS auf seinem Handy gehabt: Sklave komm hier-hin! Sklave tu dies! Sklave mach das! – Er war es so leid. Seine Schwester hatte mit Yogi gesprochen. Jetzt war die schlimme Zeit vorbei. Stolz hatte sie ihm erzählt, Yogi würde ihn freilassen.

Es war etwas Verrücktes passiert. Sie hatte Yogi nicht mal drohen müssen. Das Video, auf dem er Hügelschäfers Mercedes demoliert hatte, war gelöscht. Und Yogi würde ihr bestimmt nicht die Finger brechen, denn er hatte sich auf Anhieb in sie verliebt. Yogi, das Schwein, der Arsch, das Monster, war verknallt in seine Schwester, und sofort sah die Welt anders aus. Nichts war mehr, wie es vorher gewe-sen war.

Wieder klingelte es an der Tür. Ich bin nicht zu Hause, dachte Klaus. Hier drin ist kein Licht an. Wer immer da draußen ist, er wird bald wieder gehen.

Bei dem Gedanken, dass Yogi und seine Schwester sich küssen würden, kam Klaus das Abendessen hoch, aber sie behauptete ja, sie würde Yogi nicht lieben. Natürlich nicht. Aber sie wollte ihn zähmen. „Er frisst mir aus der Hand", hatte Inga gesagt.

So sehr Klaus sich das wünschte, hatte er doch seine Zweifel, ob Yogi genauso leicht zu handhaben war wie Ingas letzter Freund. Den hatte Inga tanzen lassen wie eine Marionette an den Fäden. Sie zupfte einmal und er hob ein Bein. Schnell hatte sie das Interesse an dem Jungen verloren. Sie konnte niemanden lieben, der sich selbst so wenig wert war, dass er alles tat, was sie wollte.

Ihrem Freund war immer alles egal gewesen. „Sollen wir heute ins Kino oder in den Park?" „Mir egal. Was willst du denn?" So liefen typische Unterhaltungen ab, wie Klaus sie damals oft gehört hatte. Der Typ war nur eine langweilige Null für Klaus. Er stellte sich vor, wie Inga aus Yogi genauso eine Null machen würde. Der Gedanke hatte etwas, aber es war unwahrscheinlich.

Es machte *Plong* und *Pling*. Klaus lag ganz still auf seinem Bett. Was waren das für Geräusche? Noch einmal. *Plong* und *Pling*. Da warf jemand etwas gegen die Rollläden. Sofort raste Klaus' Herz. Ging alles wieder von vorne los? War Yogi doch nicht verliebt in Inga? Hatte er nur einen Witz mit ihnen gemacht? Stand er unten und hatte eine neue Aufgabe für seinen Sklaven? Hatte er sich einen neuen „unheimlich witzigen" Spaß ausgedacht?

Klaus schlich zum Fenster und spähte durch die Lücken in den Lamellen nach draußen. Dort stand nicht Yogi. Nein, Lina Grün warf im Licht der Laterne kleine Steinchen gegen die Rollläden. Klaus zog die Rollläden eine Handbreit hoch. Dann öffnete er das Fenster und rief: „Hör auf! Was soll das?"

„Mach auf. Ich will mit dir reden."

„Ich kann dich jetzt nicht reinlassen."

„Dann komm raus zu mir."

Klaus wusste nicht, wovor er Angst hatte, aber seit der Sache mit Yogi fühlte er sich auf der Straße unwohl. Am liebsten blieb er in seinem Zimmer.

„Okay. Ich lass dich rein."

Er hatte zwar überhaupt keine Lust auf Lina Grün, aber er kannte sie gut genug, um zu wissen, dass er sie nicht so einfach loswerden würde. Seine Mutter war bei der Ge-

burtstagsparty einer Freundin. Inga spielte bei einem Lie-
derabend Klavier. Er war also noch bis mindestens 23 Uhr
alleine.

Lina hatte sich eigentlich vorgenommen, sanft vorzu-
gehen, ihm Zeit zu lassen, ihm Hilfe anzubieten. Aber jetzt
fiel sie sofort mit der Tür ins Haus: „Was ist eigentlich los
mit dir, Klaus? Du warst mal so ein klasse Typ. Du hattest
so eine große Klappe! Wolltest du nicht Bundeskanzler
werden? Und jetzt erzählst du den Mist mit den Nachhilfestunden und springst mit einer Badehose auf dem Kopf
vom Zehner?"

Noch während Lina sprach, wusste sie, dass sie alles
vergeigt hatte. Die Wucht ihrer Fragen und Vorwürfe ließ
Klaus sofort in Verteidigungshaltung gehen. So brachte
man Menschen nicht zum Sprechen.

Klaus sagte gar nichts, aber seine Unterlippe zitterte.

Lina stellte sich anders hin. „Tut mir Leid. Ich wollte
dich nicht so überfallen und doof anmachen. Ich meine
es nur gut. Wir machen uns alle Gedanken ... Wir wollen
nicht, dass noch mal so etwas passiert wie mit Kai Lichte ..."

Klaus hatte sofort Tränen in den Augen. Der Vergleich
mit Kai Lichte traf ihn. Ja, manchmal hatte er daran gedacht, allem Stress zu entkommen und sich die Pulsadern
aufzuschneiden. Aber er war nicht der Typ für so etwas.

Trotzig sagte er: „Keine Angst, ich bin nicht vom Schul-
dach gesprungen, sondern nur vom Zehner, weil ich eine
Wette verloren habe."

Lina glaubte ihm das nicht, aber sie konnte der Aussage
so schnell nichts entgegensetzen.

„Das mit der Nachhilfestunde war eine Notlüge. Ich
habe meiner Mutter schon alles gestanden."

Eindringlich fragte Lina: „Klaus. Bist du von irgend-
wem der Sklave? Wenn du Hilfe brauchst, dann ... Du

weißt, dass ich immer für dich da bin. Ich hab dir kostenlos Nachhilfe gegeben und ..."

Klaus lachte heiser, laut und gekünstelt. „Du meinst das Sklaven-und-Herren-Spiel, Lina? Das ist harmlos, ein Spaß, mehr nicht. Wie Cowboy und Indianer. Dabei wird auch geschossen, aber keiner stirbt."

In dem Moment brummte Linas Handy. Sie ging aber erst beim zweiten Brummen ran.

Doro legte sofort los: „Du glaubst nicht, was ich gefunden habe! Die Homepage von *Sklaven und Herren*. Mit Filmen und Fotos von allen Sklaven! Es gibt zwölf an unserer Schule. Die meisten sind aus der 5 a und b. Es gibt sogar eine Tauschbörse für Sklaven und einige stehen zum Verkauf. Den Torsten, diesen kleinen Frechdachs, den kriegst du schon für 100 Euro ... Das war doch der, der die Pfandflaschen geklaut hat. Die Maren ist auch dabei. Sie kostet 200."

Doros Stimme war so laut, dass Klaus jedes Wort verstand, obwohl es nicht für seine Ohren bestimmt war.

„Und Klaus Sträußen?", fragte Lina kalt. Er starrte sie an.

Doro antwortete: „Der ist auch drauf, steht aber nicht zum Verkauf." Klaus senkte den Blick.

„Danke für die Info, Doro", sagte Lina. „Ich bin gerade bei ihm."

„Du gehst jetzt besser", drängelte Klaus. Er wollte Lina nur noch loswerden. „Hört auf mit dem Mist. Ihr wisst nicht, auf was ihr euch einlasst. Sag Doro, sie soll auch die Finger davon lassen. Mit denen ist nicht zu spaßen."

„Mit wem?"

„Ich sage gar nichts mehr!", schrie Klaus. „Von mir wisst ihr nichts! Hört auf meinen Rat, kümmert euch um eure eigenen Sachen!"

Er schob Lina aus der Tür. Er war kräftiger, als Lina dachte. Er wirkte panisch auf sie. Kaum stand sie vor der Tür, knallte er sie auch schon zu. „Das geht euch alles gar nichts an!", brüllte er noch einmal. Dann sackte er weinend
5 zusammen. Er wollte nicht schuld daran sein, wenn Yogi sich Lina oder Doro vorknöpfte.

Kapitel 31

Inga saß am Flügel. Der Chor sang. Es waren gut fünfzig Zuhörer gekommen. Wie lange hatte sie sich darauf gefreut!
10 Ihre Mutter und Klaus waren nicht unter den Gästen. Inga verstand das. Sie hatten keine Lust, sich ständig Konzerte, Chorsingen, Liederabende oder so anzuhören. Es war schon nett von ihnen, dass sie Ingas tägliche Übungen ertrugen. Sie hatten ein eigenes Leben und ganz andere Interessen.
15 Heute war Inga froh, dass weder Mama noch Bruder zuhörten. Sie hatte ihren ganzen Körper mit einer Heilsalbe eingecremt, aber es juckte und brannte trotzdem wie verrückt, besonders am Hals und an den Beinen.
Während sie *Ich möcht mit einem Zirkus ziehen* spiel-
20 te und ihre Finger elfenhaft leicht über die Tasten hüpften, rollten Tränen über ihre Wangen und sie biss sich die Unterlippe blutig. Dann verlor ihr Spiel die Leichtigkeit, wurde mechanisch, ja leblos. Plötzlich sprang Inga auf und rannte nach draußen. Niemand lief ihr nach. Der Chor
25 stockte nur kurz, sang dann aber tapfer weiter.
Inga hätte sich die Haut am liebsten vom Körper geschält. Außerdem schämte sie sich. Sie wollte nur noch nach Hause.

Die S-Bahn kam nicht infrage. Sie konnte jetzt nicht mit anderen Leuten zusammen in einem Raum sein. Die Luft am Abend war immer noch schwül, aber Inga lief wie eine Sprinterin, obwohl sie eher eine Marathonstrecke zurückzulegen hatte. Ihre Tränen mischten sich mit ihrem Schweiß. Beides schmeckte bitter.

Zu Hause fiel sie fast in die Wohnung. Zum Glück war ihre Mutter noch nicht da. Inga riss sich die Kleidung schon auf dem Weg ins Bad runter. Am liebsten hätte sie eiskalt geduscht, aber das Wasser kam nur lauwarm aus dem Duschkopf. Wahrscheinlich heizte die schwüle Hitze die Wasserleitungen auf. Trotzdem tat es gut, das Wasser an sich herunterperlen zu sehen. Inga hatte das Gefühl, so viel Dreck abwaschen zu müssen, als ob Yogi sie beschmutzt hätte.

Als sie mit einem großen, kuscheligen Saunatuch umwickelt aus dem Badezimmer kam, saß Klaus im Flur auf dem Boden. Es gab nur indirektes, schummriges Licht. Klaus hatte die Beine an den Körper gezogen und hielt sie mit den Armen umschlungen. Er drückte seinen Rücken gegen die Wand. Durch die Kleidungsstücke an der Garderobe war er kaum zu sehen. Inga hätte ihn vermutlich gar nicht bemerkt, wenn er nicht von unten zu ihr gesprochen hätte. „Inga?!"

Inga erschrak. „Was machst du denn da?"

„Du bist seine Sklavin geworden – stimmts?"

Sie kniete sich sofort auf den Boden zu ihrem kleinen Bruder und schüttelte heftig den Kopf. Die nassen blonden Haare peitschten dabei durch sein Gesicht, so nah kam sie ihm.

„Nein, Klaus! Das darfst du nicht mal denken! Wie kommst du denn da drauf?"

„Ich will nicht, dass du dich für mich opferst!"

„Aber das tu ich doch gar nicht, Klausi. Er ist verknallt in mich. Du wirst schon sehen. Ich zähme den Löwen", lachte sie.

Aber Klaus glaubte ihr nicht. „Er lässt mich frei, weil er dich kriegt."

„Unsinn."

„Der verliebt sich nicht, Inga. Der weiß gar nicht, was das ist."

Inga setzte sich neben Klaus und legte einen Arm um ihn. „Sieh mal, Klausi, du hast es die ganze Zeit für mich getan. Er hat es mir erzählt. Er hat damit gedroht, mir sonst die Finger zu brechen. Du warst so tapfer. Du bist echt mein Held. Aber der Albtraum ist nun vorbei. Alles wird wieder gut", sagte sie betont fröhlich.

Klaus schluckte schwer: „Er hat dich in die Brennnesseln geschickt. Du hast gar keine Hautallergie, stimmts?"

„Hat er das mit dir auch gemacht?", fragte Inga und die Tränen schossen ihr in die Augen.

Klaus nickte. „Das macht er mit jedem. Ich musste mich ausziehen und nackt durch das Brennnesselfeld laufen. Er hat es gefilmt. Weißt du noch, als ich nachts solches Fieber bekommen habe?"

Inga erinnerte sich sofort. „Du hast eine Kalziumspritze bekommen."

„Ja, genau. Ich habe auch gesagt, es ist eine Allergie."

Sie saßen noch lange so und hielten sich im Arm. Sie weinten gemeinsam und wussten nicht weiter. Aber sie spürten heftiger als je zuvor, dass sie Bruder und Schwester waren. Dann, als ihre Rücken von der unbequemen Haltung wehtaten und ihre Arme von der Umklammerung einzuschlafen begannen, küsste Inga ihren Bruder und stand auf.

„Gute Nacht, Kleiner. Schlaf gut."

„Was machst du jetzt?", fragte Klaus.

„Ich muss einen Liebesbrief an ihn schreiben." Sie ging in ihr Zimmer, ohne sich noch einmal nach Klaus umzudrehen.

Klaus blieb noch eine Weile im Flur sitzen. Vielleicht sollte ich ihn einfach umbringen, dachte er. Das alles wird erst vorbei sein, wenn Yogi tot ist.

Kapitel 32

Jan war froh, dass Annette Köster im Polizeipräsidium auf ihn wartete und nicht Kommissar Lohmann. Die Polizistin hatte ein luftiges Kleid mit Spaghettiträgern an und war barfuß, als sie Jan die Tür öffnete. Ihre Sandalen lagen neben dem Kopiergerät auf dem Boden. Unter ihrem Schreibtisch stand eine blaue Plastikschüssel mit Wasser auf einem Handtuch. Zwei Ventilatoren rührten die schwüle Luft um und wirbelten Bürostaub durch den Raum.

Annette Köster hatte noch nicht mit Jan Silber gerechnet, aber es war ihr egal, dass er ihr Büro in diesem Zustand sah. Die Hitze der letzten Tage hatte sie gar gekocht. Die höchsten Außentemperaturen hatten gestern und vorgestern bei 38 Grad gelegen. Annette Köster ernährte sich praktisch nur noch von Eis, Obst und Wasser. Hier drin kühlte es selten unter 26 Grad ab. Jetzt waren es 29 Grad bei einer Luftfeuchtigkeit von mehr als 80 Prozent.

„Willkommen in meiner Sauna", sagte Annette Köster. Sie lockerte ihre Gesprächspartner gerne vorher ein bisschen auf. Manch einer wurde dann redselig. Sie glaubte, eine gute Atmosphäre sei wichtig, um Leute zum Sprechen zu bringen.

Ihr Kollege Kommissar Lohmann arbeitete ganz anders. Er schüchterte Menschen gerne ein, machte ihnen Angst und trickste sie aus. „Ein kluger Kommissar führt den Verdächtigen langsam auf ganz dünnes Eis. Dann lässt er ihn einbrechen. Die meisten verraten alles und jeden, nur damit man ihnen die rettende Hand reicht." So hatte Lohmann ihr seine Vorgehensweise erklärt. Er war ohne jeden Zweifel sehr erfolgreich damit. Immer wieder saßen bei ihm heulende Schwerverbrecher und belasteten ihre Eltern. Am Ende waren immer die Eltern schuld. „Ich wollte immer ein Fahrrad haben, aber mein Papa hat mir nie eins gekauft." „Ach, und deshalb haben Sie zwölf Banken überfallen und zweihundert Autos geknackt." „Jaaaahh..." „Und warum haben Sie sich stattdessen nicht einfach selber ein Fahrrad gekauft, als Sie erwachsen waren?"

Nein, trotz der Erfolge von Kommissar Lohmann wollte Annette Köster nicht so sein wie er. Sie mochte es nicht, wenn er Verdächtige verspottete. Sie wollte fair bleiben. Also bot sie Jan Silber einen Stuhl und ein Glas Wasser an. Er setzte sich bereitwillig und nahm einen Schluck. Er schwitzte nicht nur, weil es warm war. Er hatte Angst. Annette Köster spürte das.

Sie klärte ihn darüber auf, dass er einen Anwalt hinzuziehen könnte, seine Eltern oder einen Vertreter des Jugendamts. Obwohl sie ihm sagte, welche Rechte er hatte, schien das nur seine Angst zu vergrößern.

Annette Köster konnte Angst nicht nur sehen, sondern auch riechen. Es gab viele Sorten Schweiß. Wenn Menschen zu wenig tranken und langsam austrockneten, rochen sie nach Aceton. Schweiß durch sportliche Anstrengung hatte etwas Anziehendes für sie. In wie viele Jungs hatte sie sich früher verliebt, weil sie verschwitzt vom Sportunterricht kamen? Sportschweiß war dem der Hitze ähnlich, aber nicht gleich. Angstschweiß hatte etwas Irres an sich. Leicht säuerlich, ein bisschen metallisch. Wenn ₅ Annette Köster den Geruch einatmete, schmeckte er auf der Zunge wie eine alte Kupfermünze.

Genau so roch Jan Silber. Dicke Wassertropfen von seiner Stirn hatten sich in seinen Augenbrauen gefangen wie bewegliche Perlen. Annette Köster reichte ihm ein paar ₁₀ Papiertaschentücher. Er nahm sie, trocknete sich damit aber nicht das Gesicht ab, sondern er legte die Hände in den Schoß und zupfte daran herum.

Natürlich hätte er am liebsten die ganze Wahrheit erzählt. Aber er hatte zu viel Angst vor Yogi. Außerdem wird ₁₅ sie mir sowieso nicht glauben, dachte er. Dann werde ich wegen Diebstahls oder Betrugs bestraft und anschließend bricht Yogi mir die Knochen.

Jan versuchte abzuschätzen, was das kleinere Übel war. Vielleicht sollte er die Tat einfach zugeben und auf Gnade ₂₀ hoffen? Wenigstens würde er dann keinen Ärger mit Yogi bekommen, und Jan war sich ziemlich sicher, dass er lieber Stress mit der Polizei hatte als mit Yogi. Wenn nur seine Eltern nicht wären ... Sein Pa würde ihm die Hölle heiß machen. Jan merkte es selber gar nicht, dass er mit den Zäh- ₂₅ nen knirschte.

„Du weißt ja, worum es geht, Jan. Du wirst beschuldigt, Frederico Oliverio bestohlen zu haben. Wie ist das denn aus deiner Sicht? Stimmt das?"

Jan schüttelte den Kopf: „Die klauen Pfandflaschen ₃₀ und tauschen die vorne am Kiosk ein. Hinten holen sie sich neue, und so fehlt hinterher natürlich Geld."

„Wer sind *die*?", fragte Annette Köster. Sie befürchtete,

dass er jetzt mit der alten Geschichte vom großen Unbekannten kommen würde. Aber das tat er nicht. Er sagte gar nichts mehr.

„Weißt du, wer es macht?"

Er starrte Annette Köster nur an. Kein Nicken. Kein Kopfschütteln. Nichts. Er saß bewegungslos da, wie in Stein gemeißelt.

„Heißt das, du weißt genau, wer es war?"

Wieder keine Reaktion.

„Hör mal, Jan. Ich mag dich. Du und deine Freunde, ihr habt euch im April in dieser Sache mit Kai Lichte gut verhalten. Mir kannst du erzählen, was los ist. Du siehst doch, ich tippe noch kein Protokoll. Noch führen wir nur ein Gespräch."

„Ich weiß, wer es war, aber ich kann es Ihnen nicht sagen."

„Warum nicht?"

„Erstens, weil ich mich dann in der Schule nicht mehr sehen lassen kann. Wer einen anderen bei der Polizei verpetzt, der ..." Jan winkte ab. Die Sache war so unmöglich, er fand gar keine Worte dafür. „Und außerdem habe ich Schiss. Der Täter kriegt ja wohl kaum lebenslänglich. Ich muss ihm also täglich begegnen. Nee, danke. Darauf hab ich keinen Bock."

Annette Köster folgerte aus Jans Worten: „Der oder die Täter gehen also mit dir zur Hans-Bödecker-Schule."

Jan erschrak. Hatte er schon zu viel verraten?

Annette Köster fuhr fort: „Da Lehrer vermutlich keine leeren Pfandflaschen klauen, um ihr Taschengeld aufzubessern, wird es sich wohl um einen oder mehrere Schüler handeln."

Sie nahm einen Zettel in die Hand und blickte flüchtig darauf. „Du hast einen Schüler aus der 5c beschuldigt.

Klaus Sträußen. Das haben zumindest die Kollegen Rehm
und Herholz so notiert."

„Der war es nicht!", stieß Jan hervor.

„So, so. Sagst du das jetzt nur, weil du Angst vor ihm
hast, oder …"   5

„Ich habe keine Angst vor Klaus. Der ist der Klassensprecher der 5c", sagte Jan fast beleidigt.

„Und warum hast du ihn erst beschuldigt, wenn er es
doch nicht war?"

Jan stöhnte. „Ich habe ihn nicht beschuldigt. Ich habe   10
gesagt, dass er mal auf die Eisbude aufgepasst hat, als ich
zum Klo musste."

Annette Köster fächelte sich mit einer Karteikarte
Kühlung zu. Die Luft aus dem Ventilator spielte mit ihrem
Rocksaum. Sie setzte sich so, dass sie möglichst viel aufge-   15
wirbelte Luft abbekam. Es kühlte den feinen Schweißfilm
auf ihrer Haut.

Kommissar Lohmann kam herein. Er hatte einen hoch-
roten Kopf und lutschte den Rest von seinem zweiten Mag-
num. Er bekam Durchfall von dem vielen Eis, aber ohne   20
hatte er das Gefühl, einen Hitzschlag zu bekommen.

„Ach Gott, der kleine Silber sitzt immer noch hier! Wir
haben Wichtigeres zu tun, als Eisdiebe zu jagen!", spottete
Kommissar Lohmann.

„Ich bin kein Eisdieb!", empörte sich Jan. Aber auf ihn   25
hörte jetzt sowieso keiner.

Annette Köster sagte zu Kommissar Lohmann: „So wie
es aussieht, lässt sich unser guter Jan hier lieber selbst be-
strafen, als dass er uns verrät, wer es wirklich war."

„So, so … er weiß es also?"   30

„Ja, so weit waren wir schon."

Kommissar Lohmann setzte sich auf die Kante von Annette Kösters Schreibtisch. Er fand das cool. So saßen oft

Kommissare in amerikanischen Fernsehserien. Allerdings waren deren Schuhe nicht so staubig wie seine und sie hatten auch hinten zwischen den Schulterblättern keine Schwitzflecken im Hemd. Ganz zu schweigen von den Eistropfen vorne auf dem Hemd und der Hose. Es war aber auch schwierig, bei der Hitze ein großes Eis mit Schokoglasur zu essen. Da ging immer etwas daneben.

Komischerweise gab der misslungene Versuch von Kommissar Lohmann, auszusehen wie ein Fernsehkommissar, Jan ein bisschen Mut zurück. Das alles hier erschien ihm lächerlich und bedrohlich zugleich. Offensichtlich hatte Kommissar Lohmann die Plastikschüssel mit Wasser unter Annette Kösters Schreibtisch noch nicht gesehen. Er wippte mit den Füßen und kam der Schüssel bedenklich nahe.

„Mit welcher Strafe muss ich denn rechnen, wenn ich aus der Sache nicht mehr herauskomme?", fragte Jan kleinlaut.

Kommissar Lohmann holte tief Luft und blähte seinen Brustkorb auf, als ob er Yogi Konkurrenz machen wollte. Annette Köster sah es ihm an. Er würde dem Jungen jetzt Angst machen. Auch wenn sie dafür später Ärger mit ihm bekommen würde, machte sie seine Buhmann-Nummer kaputt, bevor sie begann. Wahrheitsgemäß fragte Annette Köster rasch: „Bist du schon vierzehn?"

Sie beantwortete ihre eigene Frage gleich selbst: „Nein. Bist du nicht. Da hast du aber Glück gehabt. Dann bist du noch strafunmündig." Sie erhob drohend den Zeigefinger. „In wenigen Wochen wird sich das ändern, mein Lieber. Dann bist du vierzehn und laut Jugendgerichtsgesetz eingeschränkt strafmündig."

Jan fühlte sich plötzlich total leicht. Er hatte das Gefühl, schweben zu können. Strafunmündig! Welch schönes Wort! Welch edler Klang!

„D...das heißt, mir kann gar nichts passieren, wenn ich alles zugebe?"

Wütend funkelte Kommissar Lohmann Annette Köster an. Das hat sie nun davon, die dumme Kuh, dachte er. Wäre sie doch besser Friseuse geworden statt Kommissarin. Er hoffte, dass sie, wie so viele andere Kolleginnen auch, bald schwanger werden würde, um sich dann um ihr Kind zu kümmern. Frauen waren einfach zu weich für diesen Job.

Während Annette Köster und Kommissar Lohmann zornige Blicke wechselten, wusste Jan Silber plötzlich genau, warum Yogi für seine Diebstähle und Raubzüge Kids aus der 5. und 6. Klasse einsetzte. Er wollte sicher sein, dass sie strafunmündig waren. Er selbst war es nämlich nicht mehr.

Kapitel 33

Klaus Sträußen trug sein Fahrtenmesser bei sich. Er hatte davon geträumt, Yogi damit zu töten. Aber das würde er nicht tun. Dazu war er nicht dumm genug. Es gab bessere Wege. Eine vergiftete Praline zum Beispiel ...

Zunächst schickte Klaus aber eine SMS an Yogi: *Darf ich dich kurz sprechen? Ist wichtig.*

Yogi rief sofort an. „Was ist denn so wichtig, du Wurm?"

„Ich, ähm ... ich weiß was, das dir gefährlich werden kann."

„Willst du mir drohen, du Arsch?", brüllte Yogi.

„Nein, Yogi. Bestimmt nicht. Ich ... ich will dir helfen."

„Du Opfer willst mir helfen?", lachte Yogi.

„Ja. Bitte, bitte sei nicht so hart mit meiner Schwester. Sie hält das nicht aus, sie ist so zerbrechlich, sie ..."

„Hä? Willst du mich verarschen? Seit wann hol ich

mir bei dir Tipps, wie ich mit meinen Sklaven umzugehen habe?"

Klaus hatte das Gefühl, alles falsch zu machen. Er wollte Yogi doch sanftmütig stimmen, damit für Inga alles nicht ganz so schlimm werden würde. Stattdessen machte er ihn bloß wütend.

„Ich ... ich weiß ... Doro Mayer hat eure Homepage geknackt. Die arbeiten mit der Polizei zusammen, glaube ich. Lina Grüns Opa ist mal Kommissar gewesen."

Zum ersten Mal, seit Klaus Yogi kannte, sagte Yogi: „Danke."

Ein Funke Hoffnung keimte in Klaus auf. Er drückte das Handy immer noch fest gegen sein Ohr und flüsterte mit fast erstickter Stimme: „Bitte tu meiner Schwester nichts. Und ... ... und der Doro auch nicht."

Aber Yogi hatte das Gespräch längst beendet und eine andere Nummer gewählt.

Kapitel 34

Doro bemerkte nicht, dass sie beobachtet wurde, als sie das Haus noch recht verschlafen verließ. Bei dem Wetter fuhr sie lieber mit dem Rad zur Schule, als sich zusammen mit anderen verschwitzten Schülern in Busse und Bahnen zu drängeln. Als sie gerade auf Höhe der Lottoannahmestelle war und in den vierten Gang schaltete, flog etwas in ihr Sichtfeld. Es kam von unten. Es war schwarz und donnerte gegen ihre Speichen.

Doro kippte mit dem Rad um. Der Lenker krachte gegen die Bordsteinkante. Komischerweise ging die Klingel los und der Ton hallte in Doros Ohren. Jetzt sah sie die

Schultasche, die in ihre Speichen geflogen war. Hatte sie jemanden angefahren?

Schwerfällig erhob sie sich. Ihr Gesicht tat weh und die rechte Schulter auch. Sie hinkte ein bisschen.

Dann sah sie Torsten. Er zielte mit einer Pistole auf sie. Ein kalter Strahl traf ihr Gesicht. Warum beschoss der sie mit einer Wasserpistole?

„Schöne Grüße! Beim nächsten Mal könnte das Salzsäure sein!", rief Torsten. Dann trat er gegen Doros Rad und rannte weg.

Doro schleppte ihr Fahrrad zum Lottogeschäft und stellte es dort ab. Vorne war eine deutliche Acht im Rad. Im Schaufenster sah Doro sich an. Ihr Gesicht sah übel aus. Sie musste damit aufs Pflaster aufgeschlagen sein. Außerdem spürte sie ihren linken Fuß nicht mehr richtig. Es war, als ob sie auf Watte stehen würde.

Sie wissen, dass ich ihre Homepage geknackt habe, dachte Doro. Ihr war schlecht.

Kapitel 35

Inga Sträußen tat alles genau, wie Yogi befohlen hatte. Sie zog morgens keine Jeans an, sondern ihren kürzesten weißen Minirock. Darunter trug sie den blöden Bikini, den ihr Bruder ihr im Auftrag von Yogi geschenkt hatte.

Der Liebesbrief war vier Seiten lang geworden. In der ersten Hälfte des Briefes lobte sie Yogis Schönheit, seine Kraft und seine Klugheit. In der zweiten Hälfte gestand sie ihm, wie sehr sie in ihn verknallt war. Sie bezeichnete ihn als die große Liebe ihres Lebens. Über seinen liebenswürdigen Charakter sprach sie nicht in dem Brief, sie fürchtete, er könnte das als Spott empfinden. Sie hatte dem Brief mit ein paar Tropfen Parfüm einen süßlich-schweren Moschusduft gegeben.

Auf dem Schulweg pfiffen zwei Jungs hinter ihr her.

Hügelschäfers Unterricht ging in den ersten zwei Stunden völlig an ihr vorbei. Sie sah ihn an und lächelte wie eine aufmerksame Schülerin, aber sie nahm nicht einmal wahr, welches Fach er gerade unterrichtete.

In der ersten großen Pause verließ sie den Schulhof und ging zu Yogi, der mit Hannes auf der anderen Straßenseite stand. Beide rauchten.

Inga wurde von Marie Metzmacher überholt. Trotz ihrer viel zu hohen Absätze unter den Sandalen war Marie schneller als Inga. Auch sie trug einen Minirock. Sie wedelte mit einem Brief. Als sie bei Yogi angekommen war, küsste sie ihn auf die Wange und gab ihm den Brief. Er riss ihn auf, während sie ihn anhimmelte.

Inga verlangsamte ihre Schritte. Hatte sie wirklich geglaubt, die Einzige zu sein, von der er sich Liebesbriefe schreiben ließ? Sie spürte einen merkwürdigen Stich. War sie etwa eifersüchtig auf Marie? Inga verstand sich selber nicht. Warum bin ich nicht froh, dass er mehrere Sklavinnen hat?, fragte sie sich. So hat er wenigstens nicht nur Zeit für mich und der Stress verteilt sich. Ich müsste mich mit Marie verbunden fühlen. Sie ist eine Leidensgefährtin. Wieso gibt es etwas in mir, das sie als Konkurrentin empfindet?

Yogi winkte Inga herbei. Versuch jetzt bloß nicht, die bessere Sklavin für den Idioten zu sein, sagte sie sich. Versuch bloß nicht, den besseren Liebesbrief zu schreiben! Dann war sie bei Yogi.

„Scharfes Teil", sagte Hannes anerkennend, und Inga wusste nicht, ob sie gemeint war oder nur ihr Mini.

Hannes und Marie musterten Inga, während Yogi völlig uninteressiert tat.

„Hallo", sagte Inga und hauchte einen Kuss auf Yogis Wange, genauso wie Marie es getan hatte.

„Hallo was?", fragte Yogi bissig.

„Hallo Liebling!", korrigierte Inga sich. Sie wollte ihm den Liebesbrief geben, aber er fuchtelte mit der brennenden Zigarette durch die Luft: „Lies vor, aber mit Betonung!"

Inga begriff das Prinzip. Von allen denkbaren Möglichkeiten wählte Yogi immer die für sie peinlichste. Sie bekam sofort rote Ohren, und wenn sie sich nicht täuschte, wurde sie von Marie angegiftet. Umständlich öffnete Inga den Brief und begann vorzulesen: „Geliebter Yogi, du Traum meiner schlaflosen Nächte, ich will dir heute etwas gestehen: Ich liebe dich. Du bist mein Traummann ..."

Barsch unterbrach Yogi Inga. Er blies ihr den Qualm ins Gesicht und meckerte: „Nicht so runterleiern. Das Ganze noch mal, aber jetzt mit mehr Gefühl! Das ist mir alles nicht romantisch genug."

Inga hätte ihm am liebsten ins Gesicht gespuckt, aber stattdessen begann sie noch mal von vorn. Diesmal hörte sie sich begeisterter an.

Hannes nickte. Ihm gefiel es so besser. Marie stand starr.

Auf der anderen Straßenseite kamen Torsten und Maren. Sofort verlor Yogi jedes Interesse an Inga.

„Schön weitermachen", sagte er zu Inga. „Lies Hannes vor. Ich habe keine Zeit mehr, mir den Mist anzuhören. Komm heute Abend, wenn das Schwimmbad geschlossen hat. Dann machen wir ein tolles Video."

Ohne ihre Antwort abzuwarten, ging er rüber zu Torsten und Maren. Sie flüsterten miteinander. Torsten und Maren nickten ständig. Dann nahm Yogi plötzlich Torstens

Kopf und knallte ihn zweimal gegen das Schultor. Torsten blutete. Yogi sah sich das kurz an. Er nickte zufrieden und schickte Torsten weg.

Kapitel 36

Blutend und schreiend lief Torsten über den Schulhof. Maren lief hinter ihm her.

Herr Hügelschäfer führte die Pausenaufsicht. Er konnte aus tausend verschiedenen Schülerschreien direkt den herausfiltern, bei dem wirklich ein Eingreifen nötig war. In jeder Pause brüllte irgendwo jemand: „Hilfe! Die Schweine bringen mich um!" oder „Mörder!" Nie wäre Herr Hügelschäfer dorthin gelaufen und hätte das Spiel gestört. Wenn aber ein Schüler wirklich um Hilfe rief, wusste er es sofort. Er hatte mehrere Erste-Hilfe-Kurse mitgemacht. Er wollte ein guter Lehrer sein. Ein Freund der Schüler. Und im Notfall sollten sie sich auf ihn verlassen können.

Er erkannte gleich, dass diese Verletzung weniger schlimm war, als sie aussah. Platzwunden am Kopf ergaben immer viel Blut. Hügelschäfer presste notdürftig ein Taschentuch gegen die Wunde, dann trug er Torsten in den Saniraum.

Torsten wollte lieber selber gehen, aber Herr Hügelschäfer hatte Angst, Torsten könnte auf der Treppe ohnmächtig werden. Seit das einmal einem Schüler passiert war, trug Herr Hügelschäfer verletzte Schüler immer. Außerdem fühlte er sich dann wie ein starker Beschützer.

Yogi grinste hinter den beiden her: „Guckt mal, Tarzan trägt einen kranken Affen ins Baumhaus zurück."

Nachdem Herr Hügelschäfer Torstens Wunde im Saniraum versorgt hatte, schickte er Torsten doch noch zum Arzt. Er konnte eine Gehirnerschütterung nicht ausschließen, obwohl Torsten sich nicht erbrochen hatte.

„Wie ist das denn passiert?", fragte der Lehrer.

Mit weinerlicher Stimme antwortete Torsten: „Die Doro Mayer hat mich umgefahren."

„Umgefahren? Mit dem Rad?"

„Ja. Die rast immer so."

„Und dann?"

„Dann ist sie einfach abgehauen."

Kapitel 37

Nachdem Lina ihrem Opa von Doros Entdeckung erzählt hatte, sagte er entschlossen: „Ab zur Kripo, aber sofort! Die Sache ist zu heiß für euch Kids. Da muss mein vertrottelter Nachfolger ran, dieser Lohmann. Schade, dass ich pensioniert bin. Das wäre ein Fall nach meinem Geschmack gewesen. Jetzt heißt es schnell handeln."

Also hatte Lina alles auf Kommissar Lohmanns Anrufbeantworter gesprochen. Der wurde allerdings an diesem Abend nicht abgehört, denn Lohmanns Exfreundin Gabi hatte sich mal wieder mit ihrem neuen Typen Heiner verkracht. Immer wenn seine Ex Liebeskummer hatte, kam sie zu ihm. Sie heulte sich dann bei ihm aus und lobte ihn, weil er so ein guter Zuhörer war. In ihm keimte dann immer die Hoffnung, sie könnte zu ihm zurückkehren. Er massierte ihr die Füße, gab ihr Recht, egal, was für einen Blödsinn sie erzählte, und behauptete, mit ihm wäre ihr das nie passiert. Am Ende – meistens war das im Morgengrauen – bedankte sie sich tränenreich bei Lohmann und ging dann doch wieder zu ihrem Heiner zurück. Lohmann blieb als großer Frauenversteher einsam zurück.

Als er morgens schlecht gelaunt und unausgeschlafen ins Präsidium kam, fehlte ihm zu seinem Glück nur noch eine defekte Klimaanlage und so ein dämlicher Kinderhinweis wie der von Lina Grün auf seinem Anrufbeantworter. Er bekam beides. Aus unerklärlichen Gründen war die Heizung angesprungen und ließ sich nicht abdrehen.

Am liebsten wäre Kommissar Lohmann sofort wieder gegangen. Annette Köster hatte das offensichtlich gemacht, jedenfalls war sie nirgends zu sehen. Außerdem streikte der Kopierer. Dem war ebenfalls zu warm.

Kommissar Lohmann befürchtete, die Computer würden die Hitze auch nicht aushalten, aber da erlebte er eine Überraschung. Er kam sofort ins Internet. Er tippte *www. Sklaven-und-Herren.de* ein und die Seite öffnete sich. Er las einen recht klugen Bericht über Sklaven im alten Rom. Vermutlich stammte das alles aus einem Schulbuch. Lina Grün hatte wohl einen Witz gemacht. Nur leider war ihm nicht zum Scherzen zumute. Nicht heute.

Die wenigen Minuten in seinem Büro hatten ihn geschafft. Als er das Präsidium verließ, hätte er sich am liebsten zu der Wäsche auf die Leine gehängt, die dort oben auf dem Balkon von einer türkischen Mutter liebevoll zurechtgezupft wurde. Kein Mensch guckt mich so freundlich an wie die ihre Bettlaken, dachte Kommissar Lohmann und ihm war zum Heulen zumute.

Kapitel 38

Tim fragte sich, ob es nicht vielleicht klug von Jan gewesen war, sich die Haare so kurz zu schneiden. Die Mädchen fanden Tims engelhafte Frisur zwar süßer als diesen militärischen Stoppelschnitt, aber bei der Hitze waren Tim seine langen Haare lästig. Sie klebten ihm zu sehr am Kopf. Manchmal empfand er sie wie einen wärmenden Schal. Er hatte sie heute zum Zopf zusammengebunden.

Sein Handy vibrierte einmal kurz in seiner Tasche: Er hatte eine SMS erhalten. Unter der Bank zog er es vorsichtig heraus und sah nach.

Wegen deiner Bestellung. Auf der Toilette. In 5 Minuten. H.

Tim leitete die SMS sofort an Jan und Lina weiter. Er wunderte sich, warum Doro heute nicht zur Schule gekommen war, machte sich darüber aber nicht allzu viele Gedanken. Mit dem Wetter hatten viele Probleme. Zu allem Überfluss grassierte eine Sommergrippe.

Jan drehte sich zu Tim um. Er fühlte sich nicht wohl bei der ganzen Geschichte. Inzwischen war er der Meinung, sie sollten sich aus der Sache heraushalten. Ja, er gestand es sich zwar nicht gerne ein, aber es war so: Er hatte Angst. Er wollte nicht mit gebrochenem Nasenbein beim Notarzt sitzen. Er hoffte, dass jemand dem Spiel ein Ende machen würde, der stärker war als sie alle. Er hatte nur keine Ahnung, wer das sein sollte. Die Polizei wahrscheinlich nicht. Er hatte keine Angst mehr vor denen, erwartete aber auch keine Hilfe.

Tim sah das anders. Er wurde getrieben von der Empörung über das, was er gesehen hatte. Klaus auf dem Zehner. Die Videos. Das Angebot, er könne einen Sklaven kaufen. Nein, Tim Sommerfeld wollte nicht in einer Welt leben, in der jemand der Sklave eines anderen war. Und er war bereit, seinen Beitrag dazu zu leisten, dass das nicht länger möglich war.

Vielleicht würde es bald Maschinen geben, die alles für die Menschen erledigten, aber auch mit denen musste man gut umgehen, damit sie weiter funktionierten. Wer trat seine Spülmaschine? Wer schlug sein Handy? Nein, nicht mal Roboter wurden so schlecht behandelt.

Jan starrte merkwürdig vor sich hin, fand Tim. Lina dagegen nickte Tim zu. Mit den Augen deutete sie die Frage an, ob sie mit rausgehen sollte. Tim schüttelte fast unmerklich den Kopf. Erstens konnte er sie schlecht mit zur Jungentoilette nehmen, zweitens sah es kein Lehrer gern, wenn zwei Schüler gleichzeitig zur Toilette wollten, und drittens würde Hannes Verdacht schöpfen.

Tim stand auf und ging zur Tür. Auf die fragenden Blicke von Frau Flamme reagierte er mit einem coolen: „Ich hab mir wohl die Blase erkältet." Da Tim Sommerfeld nicht zu denen gehörte, die gern störten oder dauernd zum Klo mussten, nahm Frau Flamme das ernst und nutzte die Situation gleich, um darüber zu reden, dass man sich im Sommer besonders leicht die Blase erkältet. Auch die Nieren seien gefährdet, besonders bei den Mädchen, die bauchfrei herumliefen oder kurze Röcke anhätten. Dann hielt sie ihre allseits bekannte „flammende Rede" gegen Tangas, die wie immer in dem Satz gipfelte: „Früher bedeckte eine Unterhose die Pobacken, heute ist es umgekehrt!"

Sie wich im Geschichtsunterricht gern von dem historischen Thema ab und verbreitete ihre Ideen zur passenden Kleidung und zur Pflanzenheilkunde. Auch der richtigen Ernährung widmete sie viele Stunden. Mühelos schlug sie einen Bogen von der Steinzeit zum Dönerladen und zur Massentierhaltung.

Hannes wartete schon auf Tim. Er kaute demonstrativ auf einem Kaugummi herum und begrüßte Tim mit verbindlicher Freundlichkeit wie einen alten Kumpel. Er hielt die rechte Hand hoch, spreizte die Finger und lachte: „Gib mir fünf, Alter!" 5

Tim klatschte seine Hand gegen die von Hannes und versuchte, genauso locker zu wirken, aber es fiel ihm schwer.

„Also, du hast voll Glück, Alter. Ich kann dir ein Angebot machen. Ein Kunde von mir braucht Geld. Er will einen Sklaven verkaufen. Hast du noch Interesse?" 10

„Klar", sagte Tim trocken. Er spürte, dass es ernst wurde. Er fühlte sich, als sei er ein Undercoveragent, nur dass er leider nicht für eine große, ihn schützende Behörde arbeitete. Er musste alles auf eigene Rechnung und eigenes Risiko tun. 15

„Ich habe gleich zwei zur Auswahl. Du kannst natürlich auch beide nehmen. Inga und Marie."

Für einen kurzen Moment wusste Tim nicht, was er sagen sollte.

„Inga Sträußen und Marie Metzmacher?" 20

Hannes nickte. „Ja, diese mageren Schnepfen. Oder stehst du mehr auf Dicke?"

Plötzlich wurde das alles so konkret. Tim sagte: „Nein, nein, schon gut."

„Also, welche willst du?" 25

Tim zögerte. Hatte seine Antwort Konsequenzen für diejenige von den beiden, die er nicht wählte? Bekam sie Probleme? Tim wollte keinen Schaden anrichten. Er fühlte sich unwohl in seiner Haut, versuchte aber, das nicht zu zeigen. 30

Hannes deutete Tims Zögern falsch. „Du kannst dir die beiden heute Abend gern live angucken. Es gibt eine kleine Show. Es reicht, wenn du dich dann entscheidest."

„W...was sollen die Sklavinnen denn kosten?", fragte Tim und stellte erstaunt fest, dass er vor Aufregung zu stottern begann.

„Für dich einen Sonderpreis. 500 pro Sklavin. 250 sofort. 250 bei Übergabe."

Tim antwortete mit gespielter Wut: „Sonderpreis? Na klar, den Tim Sommerfeld kann man klasse ausnehmen. Der hat ja Geld wie Heu. Aber so läuft das nicht. Ich kriege ganz normal Taschengeld. Ich lass mich nicht übers Ohr hauen!"

Die Wucht, mit der Tim seine Argumente vortrug, ließ Hannes sofort den Rückwärtsgang einlegen. „Also gut. Die Inga kannst du für 450 bekommen. 200 jetzt. 250 heute Abend. Schließlich ist die noch nicht richtig angelernt. Die Marie, die ist perfekt, wenn du mich fragst, wie eine echte Freundin. Die zickt nicht rum. Kommt auch auf den Videos gut. Willst du mal sehen?"

Hannes zog sein Handy. Tim verzichtete mit einer abwehrenden Geste.

„Du glaubst doch nicht im Ernst, dass ich 200 Euro in der Tasche habe, wenn ich in die Schule gehe?!"

„Wie viel hast du?"

Tim griff nach rechts hinten und zog seinen Geldbeutel aus der Tasche. Er öffnete ihn und zeigte den Inhalt freimütig vor. 24 Euro 61.

Hannes verzog den Mund. „Mehr nicht?"

„Du hast auch das Märchen vom Reiche-Leute-Jüngelchen geglaubt, was? Wieso denkt hier jeder, ich sei eine Art Traumprinz?"

„Bis wann kannst du den Rest auftreiben?"

„Die Vorauszahlung heute. Für die andern 250 brauche ich eine Weile.

Hannes stöhnte: „Du machst mich arm, Mann! Die spielen beide das Geld schnell wieder ein."

„Wie denn?", fragte Tim, als ob er das anzweifeln würde.

Hannes lachte wissend. „Da musst du dir nur was einfallen lassen. Ich kann dir auch ein paar Tipps geben. Du kannst sie auf Partys vermieten oder babysitten lassen. Marie hat zwei Nachhilfeschüler."

„Ach, und das Geld liefern sie bei ihren Herren ab?"

Hannes sah Tim plötzlich an, als ob er erst jetzt begreifen würde, dass er es mit einem Schwachsinnigen zu tun hatte. Hannes verlor die Lust auf eine Weiterführung des Gesprächs. Als Tim das merkte, hielt er ihm das Geld hin. Hannes nahm es mit einer merkwürdigen Verachtung, als sei es wertlos.

Hannes wollte gehen, aber Tim hielt ihn fest: „Wo heute Abend?"

Hannes sah Tim in die Augen. „Kann ich dir auch trauen?"

Tim nickte.

Hannes drohte: „Wenn du versuchst, uns reinzulegen, machen wir dich so fertig ..."

„Ich weiß", sagte Tim.

„Zehn Uhr im Schwimmbad."

Tim musste nicht fragen, in welchem. Treffpunkt Tatort, dachte er. Wo sonst.

Kapitel 39

Doro bekam nach dem Unfall beinahe einen Nervenzu-
sammenbruch. Obwohl, ein richtiger Unfall war es ja gar
nicht gewesen. Ein Unfall, dachte sie, geschieht unabsicht-
lich. Sie wusste nicht mal das richtige Wort für das, was
ihr gerade passiert war. Wie nannte man einen bewusst
herbeigeführten Unfall? Attentat? Sabotage? Ihr war jedenfalls nur noch zum Heulen zumute.

Sie ließ ihr Rad bei der Lottoannahmestelle stehen
und ging nach Hause. Da ihre Eltern beide im Computerladen arbeiteten, hatte sie die Wohnung für sich. Doro
öffnete die Terrassentür. Ein kleiner Windzug bewegte
den Traumfänger über ihrem Bett. Sie ließ die Tür offen
und duschte, dann zog sie ihren kuscheligsten Schlafanzug
an, den mit den rosa und weißen Streifen. Der war eigentlich viel zu warm, aber genau das brauchte sie jetzt. Der
Schlafanzug vermittelte ihr ein Gefühl von Sicherheit und
Geborgenheit.

Sie verkroch sich tief unter der Bettdecke und baute
sich aus Decken und Kissen eine Betthöhle wie früher, als
sie klein war. Sie spürte die Schwüle nicht, so kalt war ihr
innerlich. Was ist das?, dachte sie traurig. Was ist mit uns
geschehen? Wieso droht mir ein netter kleiner Kerl wie
der Torsten, er würde mir Salzsäure ins Gesicht spritzen?
Er war auch auf der Liste der Sklaven. Wie brachte man ihn
dazu, solche Sachen zu tun? Ging es wirklich um Drogen?

Da klingelte es an der Tür. Doro beschloss sofort, nicht
zu öffnen. Wenn es der Postbote war, sollte er die Post
doch in den Briefkasten werfen. Sie vergrub sich noch tiefer in ihre Bettenburg. Nach dem dritten Klingeln war es
vorbei. Der Postbote konnte das nicht gewesen sein. Der
klingelte höchstens einmal.

Doro wollte, dass alles wieder so war wie früher, als ihre größten Sorgen waren, ob es noch Nachtisch gab und ob sie sonntagabends mit ihren Eltern „Tatort" gucken durfte oder nicht. Sie wollte wieder unbeschwert in die Schule gehen und ins Freibad.

Da hörte sie ein Geräusch. Fing sie jetzt an zu spinnen oder war da jemand in der Wohnung? Sie hätte einfach nur unter der Bettdecke hervorgucken müssen, um Gewissheit zu haben, denn dieses Atmen war ganz nah. Aber sie verkroch sich stattdessen noch tiefer unter der Decke. Wer oder was immer da draußen war, sie wollte es nicht sehen müssen.

Da schoss es ihr glühend heiß durch den Kopf: Die Terrassentür! Sie stand sperrangelweit offen. Da würde doch nicht etwa ... In dem Moment wurde ihr die Bettdecke weggerissen. Sie klammerte sich mit geschlossenen Augen daran fest. Sie wollte einfach nicht wahrhaben, was geschah. Erst als Yogi ihr ins Gesicht schlug, leugnete ihr Verstand nicht mehr, dass das hier gerade wirklich passierte.

„W...was willst du?", fragte sie ängstlich.

Er grinste sie an. „In Zukunft wirst du mich nicht mehr vor der Tür stehen lassen, wenn ich klingele. Ab jetzt spurtest du, wenn ich rufe!"

Noch immer hielt Doro einen Zipfel der Bettdecke mit beiden Händen fest und presste ihn gegen ihre Brust. Sie kroch langsam rückwärts im Bett, um so viel Abstand wie möglich zu Yogi zu bekommen.

Sie versuchte, ihn zu verunsichern: „Meine Eltern müssen jeden Moment zurückkommen. Weißt du, was mein Vater mit dir macht, wenn der dich hier findet?"

Mit einem heftigen Ruck zog er ihr die Bettdecke ganz weg. In dieser Geste lag so viel Wut, dass Doros Schrei ihr im Hals stecken blieb. Sie wusste, dass sie jetzt keinen Fehler machen durfte. Mordlust funkelte in Yogis Augen. So wie er vor ihrem Bett stand, konnte sie jeden Fluchtversuch vergessen.

Jetzt setzte er sich auf ihre Bettkante. „Du bist mir was schuldig. Ich mag es nicht, wenn man mir in die Quere kommt. Das kannst du nur auf einem Weg wieder gutmachen ...“ Er streckte die Hand nach ihr aus und spielte mit ihren roten Haaren. „Du hast mir hinterherspioniert. Du willst genau wissen, wie das läuft zwischen den Sklaven und den Herren? Das kann ich verstehen. Du sollst bekommen, was du dir so sehr wünschst. Du wirst meine neue Sklavin.“

Doro hatte das Gefühl, zum Eisblock zu gefrieren. Sie sagte nichts.

Yogi streichelte ihr übers Gesicht. „Du willst den Schaden doch wieder gutmachen, den du angerichtet hast – oder nicht?“

Doro nickte. Ihr war alles egal, Hauptsache, dieser Typ verschwand aus ihrem Zimmer.

Kapitel 40

Tim und Lina waren sich einig. Tim würde zum Schein versuchen, eine Sklavin zu kaufen. Er hatte genug Geld auf seinem Sparbuch. Eigentlich war das für neue Abfahrtsski gedacht, aber der Gedanke, in St. Moritz Ski zu laufen, erschien Tim plötzlich abwegig. Nein, hier in Köln musste erst einiges geregelt werden, bevor er sich wieder unbeschwert seinen Hobbys widmen konnte.

Jan war sehr zurückhaltend, ja ängstlich, fand Lina. Aber ihr Opa sah das Ganze nicht anders. Er verlangte richtig autoritär von Lina, sie und ihre Freunde sollten die Finger von der Sache lassen. Das alles sei Aufgabe der Polizei.

Dort hatte man ihnen allerdings keinen Glauben geschenkt. Als Tim bei Kommissar Lohmann angerufen und ihm gesagt hatte, ihm sei eine Sklavin zum Kauf angeboten worden und er wolle heute Abend am Schwimmbad zum Schein auf das Geschäft eingehen, war der Kommissar ausfällig geworden. Er sei doch kein Babysitter und auch kein Mülleimer für schlechte Witze. Er lasse sich nicht länger von der Viererbande an der Nase herumführen. Mit *Viererbande* meinte er Tim, Jan, Doro und Lina. Tim hatte daraufhin gebeten, mit Annette Köster reden zu dürfen. Aber darüber konnte Kommissar Lohmann nur lachen. „Ihr glaubt, ihr seid die besseren Ermittler als ich. Aber ihr seid nichts weiter als ein paar eingebildete Kids."

„Wir sind auf uns allein gestellt", stellte Tim fest. Er war keineswegs bereit, deswegen von seinem Plan abzuweichen.

Doro erreichte er nicht. Sie reagierte weder auf seine SMS noch auf Anrufe.

„Wir brauchen Leute, denen wir vertrauen können", sagte Tim zu Lina. „Wir wissen nicht, auf wie viele Herren wir treffen und wie hart das alles abläuft."

Lina biss in ihr Pausenbrötchen und fragte sich, was Tim vorhatte. „Willst du mit einer Armee im Schwimmbad aufmarschieren, oder was?"

Er nickte. „Das wäre nicht schlecht. Aber so, wie es aussieht, kommt nicht mal Jan mit, der Schisser."

„Wir sollten es nicht auf eine Prügelei ankommen lassen, Tim", ermahnte Lina ihren sonst so friedlichen Freund. „Besser, wir schlagen sie mit ihren eigenen Mitteln."

„Du meinst, wir nehmen alles auf?"

„Ja. Dann muss selbst Lohmann uns glauben, die faule Nuss."

Tim schüttelte bedauernd den Kopf. „Dafür wird es zu dunkel sein ... Außerdem, wo soll sich der Kameramann verstecken?"

Lina pulte sich etwas von dem Thunfischbrötchen aus den Zahnlücken. „Wir könnten eine Kamera im Schwimmbad installieren und ..."

Tim winkte ab. „Das Schwimmbad ist zu groß, man weiß nicht, wo die Übergabe stattfindet."

„Wir können es aber versuchen", sagte Lina. „Ich könnte oben auf dem Eiswagen in Stellung gehen. Da sieht mich keiner. Außerdem bin ich dann ziemlich hoch. Du musst nur versuchen, sie dahin zu steuern, wo ich einen guten Blick habe. Außerdem trägst du ein Aufnahmegerät. Wir brauchen jedes Wort."

Daran hatte Tim schon gedacht. „Mein Vater hat ein Diktiergerät. Das ist ganz klein und hat ein sehr empfindliches Mikrofon. Das Ding stecke ich einfach in die Jacke."

Noch jemand bereitete sich auf die Sklavenshow im Schwimmbad vor: Klaus Sträußen. Er wollte seine Schwester retten. Er hatte auch einen Plan. Er hatte jetzt doch beschlossen, Yogi das Messer in den Bauch zu rammen.

Wenn Yogi blutend ins Krankenhaus eingeliefert wird, dachte Klaus, spätestens dann werden sich die Erwachsenen um die Sache kümmern, und Yogi wird begreifen, dass er mit uns nicht alles machen kann, was er will. Was habe ich schon zu verlieren?

Er hoffte sogar, vor seiner Schwester als Held dazustehen. Er wusste nicht, ob er im entscheidenden Moment wirklich zustechen würde. Aber er hatte das Fahrtenmesser in der Tasche und es war scharf.

Er stellte sich Yogis Beerdigung vor. Alle waren da. Alle

Sklaven und alle Herren. Die Herren deutlich verunsichert. Die Sklaven nicht mehr ganz so demütig.

Auf dem Grabstein stand:

Hier liegt ein Sklavenhalter.

Ermordet von seinem Leibeigenen Klaus Sträußen.

Oder sollte es besser heißen *gerichtet* statt *ermordet*?

Aber musste es wirklich so weit kommen? Es gab doch auch einen anderen Ausweg. Warum, fragte Klaus sich, gehe ich nicht einfach zu Herrn Hügelschäfer und gestehe alles? Schließlich wurde ich gezwungen, den Mercedes zu zerdeppern. Ich habe so etwas noch nie zuvor getan. Er musste der Sache ein Ende bereiten. So oder so. Er konnte es nicht ertragen, dass seine Schwester die Sklavin von diesem Schwein war.

Aber je länger Klaus darüber nachdachte, umso lieber war ihm die Variante mit Yogis Beerdigung. Niemand sollte von all dem erfahren. Am liebsten hätte Klaus alles ungeschehen gemacht, um dann normal weiterzuleben wie andere in seinem Alter auch.

Kapitel 41

Yogi fand seine Idee großartig. Ein richtig fettes Feuer sollte es werden. Marie hatte zwanzig Liter Benzin mit einem Fahrradhänger zum Schwimmbad gebracht. Das würde dicke reichen, um die Eisbude von Frederico Oliverio abzufackeln. Dazu dann die Geständnisse von Inga und Doro, dass sie es waren. Er würde sie dabei filmen, wie sie das Benzin ausgossen. Dann sollten sie lachend um die Flammen tanzen. Vielleicht sogar nackt. Ein richtig schöner Herrentanz. Mit dem Video würden sie für immer ihm gehören, dachte er. Es war völlig egal, für welche Tim Sommerfeld sich entschied.

Tim war sowieso kein richtiger Herr. Er fand keinen Gefallen daran, anderen wehzutun oder andere heulen zu sehen. Yogi dagegen liebte das Entsetzen in ihren Augen, wenn sie nicht fassen konnten, was er von ihnen verlangte.

Sie glaubten alle so sehr an das Gute im Menschen. Sie wollten keinen Schaden anrichten, einander nicht wehtun und waren dazu erzogen worden, nett zu sein, brav, hilfreich. Wenn sie dem wirklich Bösen begegneten, geriet ihre ganze Welt ins Wanken. Sie wurden kopflos. Sie hofften auf sein Mitgefühl, auf Einsicht, Verständnis. Aber über all das konnte Yogi nur lachen.

Als er klein war, hatte er Spinnen und Käfer gefangen und ihnen die Beine ausgerissen. Aber daran hatte er rasch den Spaß verloren. Sie hatten keine richtigen Gesichter. Sie weinten nicht. Er konnte ihre Angst und ihren Schmerz weder sehen noch hören.

Schon im Kindergarten hatte er begonnen, Kleinere zu quälen. Er zerbrach ihre Lieblingsstifte und kniff sie, wenn die Erzieherinnen nicht hinsahen. Und schon damals hatte er gemerkt: Es gab Kinder, die zeigten sofort auf ihn und jammerten: „Der hat meine Stifte kaputtgemacht!" oder „Der hat mich gehauen!" Die ließ er danach in Ruhe. Er wählte lieber Opfer aus, die stumm litten und keinem etwas sagten. Sie wurden seine Komplizen. Sie halfen ihm regelrecht, ihnen ungestraft wehzutun.

Manchmal litt Yogi darunter, dass er so war. Er wünschte sich, normal zu sein wie die anderen. Dann hätte er auch gern Freunde gehabt. Aber man musste das Spiel mit dem Blatt spielen, das einem das Schicksal in die Hand gab, hatte sein Vater, der Skatspieler, gesagt. Nein, sein Vater und seine Mutter hatten ihn nicht oft geschlagen. Sie waren fromme Leute und taten das nur, wenn sie es wirklich für erforderlich hielten.

Lange hatte Yogi gedacht, nur er sei so. Dann hatte er Sandokan kennen gelernt. Der hatte damals schon Sklaven. Von ihm hatte Yogi gelernt, die passenden Opfer auszusuchen. Sandokan hatte einen Blick dafür. „Der ist nicht gut. Der macht ein Riesentheater. Aber der da, der wartet nur darauf, dass ihm wer sagt, wo es langgeht. Der will allen gefallen und es allen recht machen. Er ist das ideale Opfer."

Sandokan hatte Sklaven, die waren älter und stärker als er. Er schlug ihnen ins Gesicht und sie schlugen nicht zurück. Sandokan lachte darüber. „Mädchen sind oft so", sagte er. „Aber manchmal auch Jungs. Sie hauen nicht zurück, weil sie Angst haben, dir wehzutun. Echt. Es ist verrückt. Die haben mehr Angst davor, jemandem Schmerzen zuzufügen, als selbst Schmerzen zu haben. Die wollen nicht schuld sein. Die sind ideal. Die fühlen sich sogar schuldig, wenn du sie verstößt. Die denken im Grunde, dass ihnen recht geschieht, wenn du sie demütigst."

Ja, Yogi hatte viel von Sandokan gelernt, und nachdem Sandokan die Schule verlassen hatte, hatte Yogi alle Sklaven und das ganze Geschäft übernommen. Jetzt war er der Lehrmeister des Bösen.

Kapitel 42

Lina hörte nicht auf den Rat ihres Großvaters. Sie belog ihn sogar, um ihn zu beruhigen. Sie sagte, sie wolle heute Nacht bei Doro schlafen.

Doro dagegen legte ihren Eltern einen Zettel hin: *Schla-*
fe bei Lina. Wir müssen noch für Bio üben. Ihr Opa kocht für
uns. Doro.

Doro hatte allerdings gar nicht mehr mit Lina geredet. Sie ahnte nicht, was sie im Schwimmbad erwartete. Sie rechnete auch nicht mit Tim. Sie glaubte, dort auf Yogi und seine Sklaven zu treffen.

Bevor die letzten Badegäste das Müngersdorfer Stadionbad verließen, warf Lina ihre Tasche aufs Dach des Eiswagens. Frederico Oliverio bediente heute selbst, und er hörte dabei so laut Eros Ramazotti im Duett mit Tina Turner, dass er den Aufprall nicht bemerkte. Er hatte für heute genug verdient, fand er. Eine Bikinischönheit hatte sich mit ihm zum Spaghettiessen verabredet und er war guter Dinge. Er versprach sich viel von dem Abend. Sie war vielleicht ein bisschen jung. Sie hatte behauptet, sechzehn zu sein, sah aber mehr aus wie eine heftig geschminkte, sehr gut entwickelte Vierzehnjährige. Er mochte junge Mädchen. Die ließen sich immer schwer davon beeindrucken, wenn er ihnen verschiedene Rollen vorspielte.

Als er pfeifend seinen Kiosk abschloss, lag Lina bereits oben auf dem Dach. Sie hatte eine Digicam mit starkem Zoom bei sich. Sie konnte damit Fotos knipsen oder Filme drehen. Ihre Mutter hatte mit der Kamera ohne zusätzliches Licht in der Wohnung gedreht. Sie war ein Geschenk von irgendeinem Regisseur, mit dem ihre Mutter mal beinahe einen Film gemacht hatte.

Eros Ramazotti
italienischer
Popsänger und
Songwriter

Tina Turner
amerikanische
Popsängerin

Lina probierte die Kamera im Abendlicht aus. Der Zehnmeterturm ließ sich mühelos so nah heranzoomen, dass Lina die Graffiti lesen konnte: *Malte, ich liebe dich!* Es gab nur wenige Ecken in diesem weitläufigen Bad, die sie nicht mit der Kamera erreichen konnte.

Bademeister Jupp saugte gerade den Dreck aus dem Schwimmbecken. Lina holte sich sein Gesicht heran. Er sah gut gelaunt aus. Er ahnte garantiert nicht, dass sie sich hier oben versteckte.

Langsam wurde ihr kalt. Entweder frischte es auf oder es war die Angst. Sie zitterte richtig. Sie nahm das Handtuch aus ihrer Tasche und wickelte sich darin ein. Es war groß. Ein Saunatuch von Opa. Sie rieb sich die Arme. Am liebsten hätte sie sich aufgesetzt, aber das war zu gefährlich. Sie durfte auf keinen Fall hier oben entdeckt werden.

Kapitel 43

Das Warten machte Inga fertig. Sie trug den blöden Bikini. Vielleicht würde das Yogi besänftigen. In ihrer Fantasie spielte sie durch, was gleich geschehen könnte. Das Schlimmste war die Ungewissheit. Sie musste etwas Verbotenes tun, das war klar. Mit dem Video sollte sie sich Yogi ausliefern. Sie fragte sich, was das sein könnte. Hoffentlich würde er nicht von ihr verlangen, sich auszuziehen.

Sie dachte an das Video, auf dem ihr Bruder Klaus den Mercedes von Herrn Hügelschäfer zertrümmerte. Ob sie auch so etwas tun musste? Komischerweise hatte der Gedanke etwas Erleichterndes für sie. Gewalt gegen Sachen, das könnte sie hinkriegen. Aber sie war sich sicher, sie könnte keine Gewalt gegen Menschen ausüben. Ganz bestimmt würde sie nicht die Köpfe von Liebespärchen zusammenklatschen. Nein, sie konnte niemandem weh-tun. Das auf keinen Fall. Vielleicht würde sie es schaffen, von einer Brücke auf Leute zu pinkeln. Aber da würde sie schon lieber einen Teller voll Rosenkohl essen, und wenn sie etwas verabscheute, dann Rosenkohl.

Wenn er von mir verlangt, etwas zu sagen oder zu ge-stehen, das mache ich sofort, dachte sie. Und wenn ich vor ihm hinknie und ihn anbete. Alles kein Problem. Hauptsa-che, ich muss niemandem Schmerzen zufügen.

Sie versuchte, Yogi zu verstehen. Warum war der so? Hatte der keine normale Familie? Musste er Mädchen Angst machen und sie ganz beherrschen, um Nähe zulassen zu können? Misstraute er Mädchen so sehr oder war er mal von einer so enttäuscht und verletzt worden? Ob sie ihn das fragen konnte? Vielleicht würde dann alles gut werden, wenn er Vertrauen zu ihr fassen könnte. Manchmal, fand sie, hatte der Muskelprotz richtig weiche Gesichtszüge.

Sie erwischte sich dabei, dass sie sich mehr Gedanken um ihn machte als um sich selbst.

Kapitel 44

Der Knauf des Messers krachte gegen den Türpfosten. So oft Klaus Sträußen das Messer auch warf, nie kam es mit der Spitze an. Klaus heulte fast vor Wut. Er wusste nicht, ob er in der Lage war zuzustechen. Aber er traute sich zu, das Messer zu werfen. Aus fünf Metern Distanz wollte er es Yogi in den Hals werfen oder in die Brust. Aber dazu müsste es mit der Spitze ankommen, nicht mit dem Griff.

Wahrscheinlich war der Knauf aus imitiertem Hirschgeweih einfach zu schwer.

Im Zirkus hatte Klaus mal einen Messerwerfer gese-
hen. Seine Klingen trafen immer mit der Spitze. Aber die
Messer waren auch anders geformt, mit kleinem, leichten
Griff. Statt Hirschgeweih nur ein rotes Isolierband.

Gern hätte Klaus jetzt so ein Wurfmesser gehabt. Er
stellte sich vor, wie Yogi ungläubig die Augen aufriss. Er
würde keinen Ton mehr herausbekommen, weil die Klinge
in seinem Hals steckte.

Klaus sah sich bei der Polizei sitzen. Er, Klaus Sträußen,
der junge Held. Mit stolz gewölbter Brust würde er sagen:
„Ja. Ich war es. Ich habe meine Schwester gerettet."

Jetzt wusste er, was er wirklich wollte: Er wollte seinen
Stolz zurück und seine Ehre.

Kapitel 45

Tim Sommerfeld war erstaunlich gut drauf, so als würde
das alles gar nicht wirklich passieren. Als sei er ein Schauspieler in einem Film. Er wusste natürlich, dass alles Wirklichkeit war, aber er fühlte sich nicht so. Vielleicht schützte
er sich auf diese Weise davor, von der Angst überwältigt
zu werden und einfach wegzulaufen. Es war für Tim, als
würde er sich selbst zusehen, als wäre er nicht Handelnder,
sondern Betrachter. Das hatte er von seiner Oma Hedwig
gelernt: In brenzligen Situationen betrachtete sie sich von
außen und gab sich selbst wichtige Tipps und Hinweise.
Jetzt, in dieser schwierigen Situation, verstand Tim zum
ersten Mal, was seine Oma wirklich damit meinte. Selbst
als er Yogi sah, hielt dieses Beobachtergefühl noch an. Es

machte Tim stark, gab ihm eine kräftige Stimme und ein
sicheres Auftreten.

Tim kletterte mit Yogi gemeinsam über den Zaun.
Dabei zwinkerte Yogi ihm komplizenhaft zu. Tim zwinker-
5 te zurück. Es war ein inneres Hochgefühl, so, als hätte er
Yogi an der Leine. Der Fisch war schon im Netz, er wusste
es nur noch nicht, freute sich Tim. Bald würde der Spuk
hier beendet sein.

In Kämpfen wie diesen, zwischen Gut und Böse, wur-
10 den Helden geboren. So ähnlich musste sich der junge
Luke Skywalker gefühlt haben, als er den Kampf gegen
das Imperium aufnahm. Ja, vielleicht kam es darauf an im
Leben: sich der dunklen Seite der Macht entgegenzustel-
len und der Versuchung zu widerstehen, ein Teil von ihr zu
15 werden. Tim war auf der richtigen Seite – ein gutes Gefühl.
Es kribbelte auf der Haut.

Nun ging Yogi auch noch zielstrebig mit Tim auf die
Eisbude zu. Er begab sich in die Falle. Tim schmunzelte.
Das Aufnahmegerät in seiner Tasche funktionierte bes-
20 tens. Lina würde alles filmen können. Sie hatten gesiegt.

Aber als Tim Doro, Inga und Marie sah, war all seine
Siegessicherheit hin. Er fühlte sich plötzlich auch nicht
mehr als Beobachter. Sein Herz raste. Sein Mund trocknete aus. An den Armen und im Nacken stellten sich seine
25 Haare wie elektrisch auf. Doro also auch? Warum hatte sie
nichts gesagt?

Yogi schien sich wohl zu fühlen. Er trug ein T-Shirt, das
seine Muskeln zur Schau stellte. Trotzdem wunderte Tim
sich, dass Yogi allein war. Hatte er gar keine Angst, über-
30 wältigt zu werden?

Aber da kamen schon die anderen Herren. Zwei kannte Tim nicht. Aber sie sahen ähnlich aus wie Yogi. Kurze
Haare, und durch ihre aufgeblähten Oberkörper wirkten

*Luke Skywalker
Figur aus der
Filmreihe „Star
Wars"*

die Köpfe klein. Tim hätte wetten können, dass sie mit Yogi im gleichen Fitnessstudio trainierten. Dann ein dürrer, schlaksiger Junge mit Nickelbrille aus der 9 a. Er wurde von den meisten Lennon genannt, weil er Gitarre spielte und Songs komponierte. Er trug einen Mittelscheitel und ₅ kinnlange Haare. Er passte irgendwie nicht dazu, fand Tim. Zuletzt kam Hannes.

Yogi hatte Zeit. Er begrüßte alle Herren mit Handschlag. Dann gingen sie zusammen zur Eisbude. Dort stellte Yogi Tim vor: „Das ist Tim Sommerfeld. Er möchte gerne ₁₀ eine Sklavin kaufen. Heute gibt es hier drei zur Auswahl." Er zeigte auf Marie, Inga und Doro. Doro war leichenblass. Sogar ihre roten Haare waren nicht mehr so feurig wie sonst. Sie sah Tim nicht an.

„Marie kennt ihr ja alle. Sie ist bestens ausgebildet. Un- ₁₅ terwürfig und schmerzerfahren."

Yogis Worte jagten Tim einen Schauer über den Rücken. Am liebsten wäre er weggelaufen. Aber er blieb und nahm jedes Wort auf. Einmal schielte er kurz zum Dach der Eisbude. Da oben lag Lina und filmte alles.   ₂₀

Wir haben dich, Yogi, dachte Tim. Wir haben dich. Dein Spiel ist aus.

„Die beiden anderen sind ganz neu. Doro Mayer und Inga Sträußen. Inga spielt super Klavier und hat auch einen scharfen Bikini. Zeig ihn uns mal, Inga!" Inga biss ₂₅ sich auf die Lippen und kam der Aufforderung nach.

Doro trat von einem Fuß auf den anderen. Sie atmete viel zu schnell.

„Doro und Inga werden sich heute richtig als Sklavinnen ausliefern", versprach Yogi. „Sie werden die Eisbude ₃₀ von Pinocchio abfackeln."

Marie trommelte auf den Kanister. Yogi fuhr fort: „Benzin ist schon da."

Tim dachte entsetzt an Lina, die auf dem Dach der Eisbude lag. Mein Gott, was jetzt? Sie musste da weg. Aber gleichzeitig war das die Gelegenheit, alles aufzunehmen. Wenn sie das hier auf Video hatten, war Yogi erledigt.

„Komm mal vor, Doro!", befahl Yogi jetzt.

Doro trat vor. Sie zitterte und rang nach Luft.

„Jetzt schau schön in meine Kamera und schrei: ‚So, Frederico, du Schwein! Jetzt zünde ich deine Hütte an!‘"

Doro tat es. Aber es hörte sich mehr wie ein Röcheln an. Tim kannte das von ihr. Wenn sie sich aufregte, fing sie an zu hyperventilieren. Wahrscheinlich würde sie gleich einen Krampf bekommen und nach Luft hechelnd am Boden liegen.

Yogi schüttelte den Kopf. „Nein. So nicht. Schluss. Aus. Mit mehr Wut! Es muss glaubhaft sein." Er machte es vor: „Frederico, du Schwein!"

Doro nickte. „Ja, ich versuche es."

hyperventilieren
übermäßig schnell und tief atmen

Kapitel 46

Klaus Sträußen war nicht mit seinem Messer im Schwimmbad. Er hatte sich für einen anderen, schwereren Weg entschieden. Er klingelte bei Herrn Hügelschäfer. Der hatte schon seinen blau-weiß gestreiften Schlafanzug mit kurzen Beinen und Ärmeln an. Aber er war ein guter Lehrer. Er wusste, dass Schüler abends nicht grundlos klingeln, also ließ er Klaus herein, gab ihm einen Eistee und hörte sich an, was Klaus zu sagen hatte.

„Ich habe Ihren Mercedes kaputt geschlagen. Der Yogi hat mich damit erpresst. Jetzt bin ich sein Sklave. Heute liefert sich meine Schwester an ihn aus, damit er mich freilässt, aber ich will ..."

„Mo... Mo... Moment mal!", stotterte Herr Hügelschäfer. „Ganz langsam ... was ist los?"

Klaus nahm einen Schluck Eistee und begann dann noch einmal von vorne. Es war gar nicht so schwer, fand er. Warum habe ich das nicht schon viel früher gemacht?

Kapitel 47

Tim fand, der Zeitpunkt, das Ganze zu stoppen, war längst überschritten. Sie hatten genug aufgenommen, um Yogi damit fertig zu machen. Außerdem konnten sie es alle bezeugen. Das Benzin war schon um und an der Eisbude verteilt. Es roch wie an einer Tankstelle, nur noch intensiver.

Doros Atmung hatte sich ein bisschen beruhigt. Vielleicht, weil die Dämpfe vom Benzin so in den Lungen brannten.

An den weißen Wänden des Verkaufswagens tropfte die gelbbraune Flüssigkeit herunter.

„So", sagte Yogi, der sich vorkam wie ein echter Regisseur, „und nun zündet die Dreckskarre an!"

Doro und Inga hielten Pechfackeln in den Händen. Marie zündete die Fackeln mit einem Feuerzeug an.

Tim war sich nicht sicher, ob Lina sich überhaupt noch oben befand. Vielleicht war sie ja längst auf der anderen Seite heruntergeklettert und hatte sich in Sicherheit gebracht. Aber was, wenn nicht? Vielleicht lag sie vor Angst gelähmt auf dem Dach. Er konnte nicht anders. Obwohl er dadurch alles verriet, schrie er: „Hau ab, Lina!"

Im gleichen Moment sprang Lina vom Dach. Sie federte den Aufprall in den Knien ab und wollte in Richtung Zaun rennen, aber ein Schmerz fuhr vom rechten Knöchel hoch in ihr Gehirn. Sie knickte um und kam nicht mehr hoch.

Yogi packte Tim und schlug ihm hart mit der Faust ins Gesicht. Tims Lippe sprang auf und über seinem linken Wangenknochen klaffte sofort eine offene Wunde.

Tim taumelte. Vor seinen Augen verschwamm alles. Er sah Yogi gar nicht mehr.

„Packt sie!", befahl Yogi. „Die Schweine wollten uns reinlegen! Sie haben garantiert alles aufgenommen! Wir brauchen die Bänder!"

Die zwei Bodybuilder griffen sich Lina und zerrten sie hoch. Der eine tastete sie ab, der andere quetschte ihr Gesicht mit seinen Wurstfingern, als ob Linas Kopf aus Kuchenteig wäre.

„Ich hab die Kamera, Yogi!", freute sich der eine. Weil Lina sich wehrte, hob der andere sie hoch. Mit ihrem unverletzten Bein trat sie ihn voll in die Weichteile. Er jaulte wie ein geprügelter Hund und ließ sie los.

Inga ließ ihre brennende Pechfackel fallen und rannte panisch vor Angst weg. Ihre Fackel entzündete den mit Benzin getränkten Boden. Wie eine Gruppe Schlangen zischten die Flammen zielstrebig in Richtung Eisbude. Schon loderte das Feuer hell auf.

Doro dagegen lief nicht weg. Sie griff mit ihrer Fackel Yogi an. Der drosch auf den fast blinden Tim ein wie auf einen Sandsack für Trainingsrunden. Dabei schrie er: „Rück das Band raus! Los! Du bist doch verkabelt! Rück es raus oder ich schmeiß dich ins Feuer!"

Er packte Tim und drängelte ihn zu den Flammen. Da schlug Doro mit ihrer Fackel zu. Sie traf Yogis Schulter. Er brüllte vor Schmerz laut auf.

Hannes ergriff die Flucht.

Kapitel 48

Das Erste, was Herr Hügelschäfer sah, als er mit seinem Ersatzgolf vorfuhr, war der brennende Verkaufswagen. Dann, als er und Klaus Sträußen aus dem Wagen hechteten, hörten sie Yogis mark- und beinerschütternden Schrei. Sie ließen die Wagentüren offen stehen und kletterten so selbstverständlich über den Zaun, als ob sie das immer so machen würden.

Inga Sträußen kam ihnen entgegengerannt. Sie rief voller Angst: „Schnell, Herr Hügelschäfer! Der Yogi bringt sie alle um!"

„Das sieht aber gar nicht so aus", sagte Hügelschäfer mehr zu sich selbst.

Doro stand vor dem auf dem Boden liegenden Yogi und stach mit der brennenden Fackel nach ihm, als ob diese ein Degen wäre. Sie ließ ihn nicht hochkommen.

„Du verbrennst mich, du blöde Kuh!", kreischte er.

„Och", sagte Doro voller geheuchelten Bedauerns, „das tut mir aber leid. Ich wusste gar nicht, dass du Schmerzen empfinden kannst. Wie ist das Gefühl? Gefällt es dir?"

Marie rief: „Lass ihn in Ruhe, Doro!"

Doro drehte sich zu Marie um: „Mein Gott, bist du blöd? Machst du dir Sorgen um ihn? Wie wäre es, wenn du stattdessen Lina hilfst? Die beiden Typen da machen sie gerade fertig!"

Tim taumelte mit blutigem Gesicht in Richtung Lina. Er sah zwar fast nichts mehr, folgte aber Linas Schreien.

Klaus Sträußen hätte nicht gedacht, dass Herr Hügelschäfer so schnell war. Klaus konnte nicht mithalten. Schon war Herr Hügelschäfer bei den Bodybuildern. Er sah zwar nicht so aus, als ob er es mit denen aufnehmen könnte, aber seine tiefe, donnernde Erwachsenenstimme machte Eindruck auf die zwei. Sie ließen Lina los.

Dann rief Yogi: „Gut, dass Sie kommen, Herr Hügelschäfer! Die Doro und die Inga haben die Eisbude angezündet.
Ich konnte es nicht mehr verhindern. Helfen Sie mir! Diese
Furie will mich auch verbrennen!" Doro ließ die Fackel sin-
ken. Sie hörte die Sirene und sah das Blaulicht. Kommissar 5
Lohmann und Annette Köster rasten heran. Den Anruf von
Herrn Hügelschäfer konnten sie nicht ignorieren. Als die
beiden Kommissare am Schwimmbad erschienen, bot sich
ihnen ein unübersichtliches Bild.

„Sie kommen zu spät", sagte Herr Hügelschäfer, „aber 10
immerhin sind Sie da."

Kommissar Lohmann und Annette Köster wussten
nicht so recht, wer jetzt hier die Bösen waren und wer die
Guten. Vorsichtshalber nahmen sie alle mit zur Wache,
während die Feuerwehr die Eisbude löschte.   15

Plötzlich hörte sich die Geschichte von Klaus Sträußen,
Lina Grün, Doro Mayer und Tim Sommerfeld gar nicht
mehr so unglaubwürdig an. Kommissar Lohmann und Herr
Hügelschäfer waren erschüttert über die Filme, die sie auf
Yogis Handy fanden. Die seiner beiden Freunde sahen noch 20
schlimmer aus. Annette Köster sah auf die Uhr. Es war inzwischen kurz nach 24 Uhr. Sie hatte viele Protokolle ge-
tippt und Aussagen aufgenommen. Ihr Respekt vor den
Kids wuchs. Sie bestellte für alle Pizza und sagte: „Wenn es
mehr Jugendliche wie euch gäbe, sähe die Welt besser aus." 25

Doro stöhnte: „Ich kann jetzt nichts essen."

Auch Lina saß mit hängenden Schultern völlig erschüttert da. Sie spürte, dass die Welt für sie nie wieder sein
könnte, wie sie einmal gewesen war. Sie war dem Bösen
begegnet. Doro nahm Lina in den Arm. „Das Leben", sagte 30
sie, „ist viel schlimmer als jeder Horrorfilm."

„Kann ja sein", sagte Tim. „Aber ich hab jetzt trotzdem
nichts gegen eine Pizza."

Materialien

Interview mit dem Autor Klaus-Peter Wolf

Das folgende Interview wurde anlässlich einer Lesereise des Autors geführt und um eine Frage zum Buch „Sklaven und Herren" ergänzt. 5

Herr Wolf, Sie behaupten, dass Jugendliche Krimis brauchen. Was meinen Sie damit?

In guten Krimis ist sehr viel Wirklichkeit enthalten. 10 Es werden Ängste thematisiert und bearbeitet, die sonst zu oft verdrängt werden. Wer hat sich noch nie davor gefürchtet, das Opfer eines Verbrechens zu werden? Oder zu Unrecht in Verdacht zu geraten ...?

Wie stehen Sie zu dem Vorwurf, Sie würden Gewalt zu 15 *drastisch darstellen?*

Das tue ich gar nicht. Bei mir ist das niemals Effekthascherei, sondern dramaturgische und erzählerische Notwendigkeit. Die Nachrichten im Fernsehen und in den Zeitungen sind unendlich viel mehr von Gewaltdarstellung 20 geprägt als meine Krimis. Vergessen Sie nicht – ich habe den Erich-Kästner-Preis für gewaltfreies jugendgerechtes Fernsehen bekommen.Das ist auch eine Verpflichtung für mich.

Ihre Krimis sind also pädagogisch wertvoll? 25

Dort werden Werte vermittelt. Die Ungerechtigkeiten und Verbrechen werden nicht akzeptiert, sondern durch gemeinsames solidarisches Handeln verändert. In meinen

Krimis steht nicht: „Man kann sowieso nichts machen!"
Da steht: „Tu was! Schau genau hin! Frag nach! Akzeptiere
keine Vorurteile!" Erwachsene verdrängen im Alltag gern,
Literatur ist Vergegenwärtigung. Das Böse verliert viel von
5 seiner Kraft, wenn es benannt wird, und viel von seiner
Faszination, wenn es in seiner Erbärmlichkeit vorgeführt
wird.

Das bedeutet immer ein Happy End?
   Nein. So einfach ist es nicht. Ich treffe schon ganz zu
10 Anfang des Krimis mit meinen Lesern eine Vereinbarung:
Komm ruhig mit. Ich werde dir die Hölle zeigen, aber keine
Angst, ich kenne auch eine Tür, durch die wir da wieder herauskommen. Diese Gewissheit bleibt! Und im Gegensatz
zu großen Teilen der Fantasyliteratur sind die Lösungen
15 im Krimi konkret und alltagstauglich.

Wie meinen Sie das?
   Wörtlich. Es gibt all das, wovon ich erzähle. Es sind
reale Gesetze. Sie gelten für jeden. Es gibt die Institutio-
nen, in denen Menschen sitzen, die Hilfe anbieten.

20 *Krimis als Lebenshilfe?*
   Zunächst mal ist das einfach spannende Unterhaltungs-
literatur, die ihre Leser ernst nimmt. Das Krimitypische ist
die darin enthaltene Wirklichkeit. Mich interessiert, was
passieren musste, damit jemand zum Verbrecher wurde. Es
25 wird doch keiner geboren und ist böse und will gerne ein
Schwein werden. Die meisten wollen Tierärztin werden,
Meeresbiologe, Schauspieler ... Und plötzlich sind sie ver-
urteilte Straftäter. Was ist da schiefgelaufen?

Auf Ihren zahlreichen Lesereisen treffen Sie auf Ihre jugendlichen Leser. Wie reagieren die?
Manchmal gibt es sehr emotionale Gespräche. Viele kommen mit ihren Nöten und Sorgen zu mir.

Warum gerade zu Ihnen?   5
Vielleicht weil sie beim Lesen spüren, dass sie einer ernst nimmt und nicht vorschnell verurteilt, sondern nach der Wahrheit hinter der Fassade der Dinge sucht.

Gibt es einen realen Anlass für das Buch „Sklaven und Herren"?   10
Ich gehe mit meinen Büchern auf ausgedehnte Lesereisen durch Schulen. Ich mache das sehr gern. Dabei ist mir der Kontakt zu den Schülern wichtig. In einer 9. Klasse hatten sie meinen Roman „Samstags, wenn Krieg ist" gelesen und auch die Verfilmung gesehen. Die Schüler disku-   15
tierten lange mit mir über den Film und im Anschluss traf ich einen der Schüler im Bus wieder, als ich zurück zum Hotel fuhr. Er sagte mir: „Wir machen auch Filme, Herr Wolf. Wollen Sie mal sehen?" Er zeigte mir einen Handyfilm (den ersten, den ich in meinem Leben gesehen habe)   20
mit erschütternden Bildern. Ich begann zu begreifen, dass es eine völlig neue Form von Verbrechen gibt, bei der die Opfer im Anschluss mit den Filmen erpresst werden. Ich begann darauf zu achten und in mehreren Schulen mit den Schülern darüber zu sprechen. Schließlich besuchte ich   25
Täter, Opfer und Einrichtungen der Jugendhilfe. Mir war klar, dass ich das Ganze thematisieren musste. Durch das Vertrauen, das mir viele Jugendliche entgegengebracht haben – Opfer wie auch Täter – konnte ich einen Roman mit einem hohen Realitätsanspruch schreiben.   30

– Wie begründet Klaus-Peter Wolf, dass gute Krimis lesenswerte Bücher sind?

– Nimm Stellung zu dem folgenden Satz: „Das Böse verliert viel von seiner Kraft, wenn es benannt wird, und viel von seiner Faszination, wenn es in seiner Erbärmlichkeit vorgeführt wird." (S. 159, Z. 4–7)

– Zu den Leserinnen und Lesern seiner Krimis sagt Klaus-Peter Wolf: „Komm ruhig mit. Ich werde dir die Hölle zeigen, aber keine Angst, ich kenne auch eine Tür, durch die wir da wieder herauskommen." (S. 159, Z. 11–13) Kommentiere diese Aussage.

– Auf dem Handy eines Schülers hat der Autor „eine völlig neue Form von Verbrechen" (S. 160, Z. 22) kennengelernt. Beschreibe, was er damit meint, und begründe, ob du diese neue Form auch für ein „Verbrechen" hältst.

Sklaven und Herren

Als Sklaven bezeichnet man Menschen, die als Eigentum anderer Menschen behandelt werden. Die Sklaverei wurde in den Völkern des Altertums begründet, z. B. bei den Ägyptern, den Griechen und den Römern, und später in anderen westlichen Ländern übernommen, z. B. in 5 den Vereinigten Staaten von Amerika. Sklaven hatten dort keine Rechte, konnten gekauft, verkauft, vermietet und verschenkt werden. Sie mussten meist hart arbeiten und auch allen anderen Anweisungen ihrer Herren bedingungslos Folge leisten. Andernfalls riskierten sie schwere 10 Bestrafungen bis hin zur Tötung.

Bei den Griechen und Römern stammten die Sklaven meistens aus den Eroberungsfeldzügen. In Kriegsgefangenschaft geraten und versklavt zu werden, war gleichbedeutend. Der Verkauf der Gefangenen galt als normales 15 Schicksal der Betroffenen. Auch Piraten verkauften ihre menschliche Beute oft auf den Sklavenmärkten.

Die Sklaven wurden in der Antike vor allem bei schweren Arbeiten eingesetzt, z. B. in Silberminen, in Steinbrüchen oder bei der Rüstungsherstellung. Auch auf den Ru- 20 derbänken von Galeeren wurden sie eingesetzt. In Rom wurden sie außerdem zu Gladiatoren ausgebildet, die in der Arena um ihr Leben kämpfen mussten. Gebildete Römer nutzten Sklaven hin und wieder als Lehrer und Erzieher für ihre Kinder. Hier wurde der Gegensatz zwischen 25 Herren und Sklaven oft gemildert oder sogar aufgehoben, obwohl am Grundsatz der Sklaverei nichts geändert wurde.

Im Allgemeinen aber wurden die Sklaven nicht als vollwertige Menschen angesehen. Wenn sie sich der Ausbeutung widersetzten und ungehorsam waren, mussten sie 30 mit schlimmen Strafen rechnen. Man peitschte ungehor-

same Sklaven aus, folterte sie bei Fluchtversuchen, legte ihnen Fesseln an Händen und Füßen an, verbrannte ihnen einzelne Gliedmaßen oder tötete sie, meistens durch Kreuzigung. Manche sadistische Herren bestraften und folter-
5 ten ihre Sklaven aus reiner Freude am Quälen von Menschen. Sklavinnen konnten jederzeit zur Lustbefriedigung benutzt werden. Wegen dieses menschenunwürdigen Lebens gab es immer wieder Sklavenaufstände, die aber selten erfolgreich waren. Der bekannteste Anführer eines
10 Sklavenaufstandes war wohl Spartacus (durch Kreuzigung hingerichtet im Jahr 71 vor Christus).

Sklaven stellen Ziegel her; aus einem ägyptischen Grab (14. Jahrhundert v. Chr.)

Auch im Mittelalter und in der Neuzeit setzte sich die Sklaverei weiter fort. Im Reich der Inkas gab es ebenso Sklaven wie später in Amerika. Der Handel mit Sklaven,
15 die von den Kolonialherrn in Afrika gefangen und über

den Atlantischen Ozean verschifft wurden, löste dort die
weit verbreiteten Indianersklaven ab. Vor allem in den
Südstaaten der Vereinigten Staaten von Amerika war die
Sklaverei etwas ganz Normales. Dort wurden die Sklaven
vor allem auf den Plantagenfeldern eingesetzt. Bei der Be- 5
strafung von Sklaven hatte sich in der Grausamkeit gegenüber der Antike nichts geändert; eher war hier noch eine
Verschlimmerung der Strafen eingetreten.

Ab dem späten 18. Jahrhundert wurde die Sklaverei all-
mählich abgeschafft. In den USA war es vor allem Abraham 10
Lincoln (1809-1865), der als Präsident die Abschaffung der
Sklaverei vorangetrieben hat, auch als dafür ein Krieg der
Nordstaaten gegen die Südstaaten geführt werden musste. Die Benachteiligung schwarzer Bürger gegenüber ihren
weißen Mitbürgern hat aber in den USA bis in das 20. Jahr- 15
hundert nicht aufgehört. Man nannte dies allerdings nicht
mehr Sklaverei, sondern Apartheid. Martin Luther King
(1929-1968) war einer der bedeutendsten Vertreter der
schwarzen Bürgerrechtsbewegung in den USA. Mit Abraham Lincoln teilt er das Schicksal, dass er von seinen Geg- 20
nern ermordet wurde.

Sklavereiähnliche Formen der Unterdrückung und
Ausbeutung von Menschen waren auch in Deutschland
zur Zeit der Nationalsozialisten üblich. Zwangsarbeiter,
die aus ihren Heimatländern deportiert worden waren, 25
Kriegsgefangene und Häftlinge aus Konzentrationslagern
wurden als rechtlose Arbeitssklaven ausgenutzt.

Dass es auch in der aktuellen Gegenwart immer noch
Einzelfälle von Sklaverei gibt, dafür sind Marc Dutroux
aus Belgien, der ab 1995 mehrere Kinder und Jugendliche 30
im Alter von 8 bis 19 Jahren entführt, eingesperrt, sexuell
missbraucht und ermordet hat, sowie Wolfgang Přiklopil,
der 1998 in Österreich die zehnjährige Natascha Kampusch

auf dem Weg zur Schule entführt und mehr als 8 Jahre lang gefangen gehalten hat, erschütternde Beispiele. Auch die Kinderarbeit in den Ländern Lateinamerikas und in Indien erinnert an bekannte Formen der Sklaverei.

Kinderarbeit in Indien

ARBEITSANREGUNGEN

- Informiert euch im Internet ausführlicher über die Sklaverei und die Lebensbedingungen der Sklaven in Ländern der Antike und in den USA. Überlegt euch, wie ihr diese Aufgabe in kleinen Gruppen bearbeiten und auf welche Weise ihr die Ergebnisse eurer Arbeit präsentieren könnt.
- Sammelt Beispiele für „moderne Sklaverei", die heute noch praktiziert wird.
- Diskutiert über das Thema „Sklaverei" in eurer Klasse. Zieht dabei auch Parallelen zum Buchgeschehen.

MARTIN LUTHER KING
I have a dream

I have a dream that one day this nation will rise up, and live out the true meaning of its creed: 'We hold these truths to be self-evident: that all men are created equal.' ₅ I have a dream that one day on the red hills of Georgia the sons of former slaves and the sons of former slave owners will be able to sit down together at a table of brotherhood.   ₁₀

I have a dream that one day even the state of Mississippi, a state sweltering with the heat of injustice and sweltering with the heat of oppression, will be transformed into an oasis of freedom and justice.

I have a dream that my four little children will one ₁₅ day live in a nation where they will not be judged by the color of their skin but by the content of their character. I have a dream today!

ARBEITSANREGUNGEN

- Dies ist ein Auszug aus der Rede, die Martin Luther King am 28. August 1963 vor dem Lincoln Memorial in Washington gehalten hat. Übersetze den Text ins Deutsche.
- Informiert euch in kleinen Gruppen im Internet über Martin Luther King und über den Anlass und die Hintergründe für seine berühmte Rede. Gestaltet dazu eine Wandzeitung.

Mobbing

Mit „Mobbing" bezeichnet man das Schikanieren anderer Menschen. Der Begriff ist aus dem Englischen entlehnt und bedeutet angreifen, anpöbeln, schikanieren, über jemanden herfallen. Dabei herrscht ein kräftemäßiges Un-
gleichgewicht zwischen dem „Mobber" als Täter und dem „Gemobbten" als Opfer. Im schulischen Zusammenhang wird auch von „Bullying" und entsprechend vom „Bully" (Täter) und „Victim" (Opfer) gesprochen.

Mobbing kann direkt durch einen tätlichen Angriff
erfolgen, wie beispielsweise durch Schlagen, Stoßen, Bespucken, Einsperren oder Bedrohen. Es kann aber auch indirekt durch Ausgrenzung und Manipulation ausgeübt werden, zum Beispiel durch das Verbreiten von Gerüchten oder durch ein bewusstes Ignorieren.

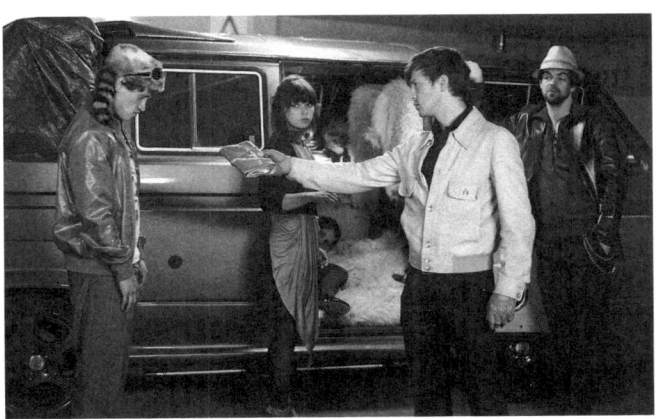

Foto aus der Verfilmung von „Sklaven und Herren"
(Hessischer Rundfunk)

Weil Mobbing oder Bullying gesetzlich noch nicht direkt als Straftatbestand gefasst sind, ist Mobbing eigent-

lich kein Straftatbestand. Einzelne Mobbing-Aktionen wie
Beleidigung, Nötigung, Drohung, Erpressung oder Körper-
verletzung stellen aber strafbare Handlungen dar und sind
deshalb Rechtsverletzungen, die bei der Polizei angezeigt
werden können.   5

ARBEITSANREGUNGEN

- Erkläre anhand von Textbeispielen, was Mobbing ist.
  Beziehe dabei die Filmszene auf S. 167 mit ein.
- Informiere dich in einem Wörterbuch oder im Internet,
  was man als Bullying bezeichnet.
- Überlege, ob man die Ereignisse um Klaus Sträußen als
  Mobbing bezeichnen könnte. Begründe deine Meinung.
- Hast du selbst in oder außerhalb der Schule schon Er-
  fahrungen mit Mobbing gemacht? Wenn ja, dann be-
  richte über einen solchen Vorfall.
- Erstelle eine Mindmap, in der du mögliche Gefühle von
  Mobbingopfern sammelst.
- Wie könntest du dich verhalten, wenn du Zeuge einer
  Mobbing-Straftat wirst? Notiere mehrere Möglichkei-
  ten und schreibe auch auf, was jeweils für und gegen die
  Verhaltensweisen sprechen könnte.
- Was kannst du tun, damit es gar nicht zum Mobbing
  kommt?
- Geht auf die Internetseite www.no-blame-approach.
  de und informiert euch dort über Vorschläge, wie man
  Mobbing in der Schule verhindern kann. Diskutiert
  diese Vorschläge in der Klasse und überlegt auch, ob ihr
  dazu eine Präsentation oder Aktion für die ganze Schule
  machen wollt.

Anja Tuckermann
Dorita

*Dieser Text ist der Anfang des ersten Kapitels aus dem
Buch „Weggemobbt" von Anja Tuckermann. Erzählt wird
darin die Geschichte von Philip, der in seiner Klasse von der
Mitschülerin Dorita und ihren Mitläufern ständig gemobbt*
5 *wird.*

Peng! Und die ganze Klasse lachte. Philip rappelte
sich hoch und stürzte sich auf Dorita. Diesmal wollte er
zuschlagen, doch bevor er ausholen konnte, durchschnitt
eine Stimme den Raum. „Philip! Setz dich hin! Wenn du
10 schon ausnahmsweise durch Aktivität glänzt, musst du
nicht noch stören!" Paff! Die Worte von Herrn Niks waren
wie ein Schlag. Und die ganze Klasse lachte. Am meisten
Dorita, die Philips Stuhl einen Stoß gegeben hatte, als er
gerade kippelte.
15 „Du Affenarsch!", zischte er in ihre Richtung. „Herr
Niks, der sagt Schimpfwörter." Wieder lachten viele. Herr
Niks schaute nicht einmal. „Ruhe jetzt! – Also wie war das?
Wer kann die Dreifelderwirtschaft erklären?"
Dorita. Blauäugig, blonde, glatte Haare. So wie die
20 meisten Jungen sich ihre zukünftige Freundin vorstell-
ten. Schlank, groß, immer geschminkt. Mit schwarzem
Lidstrich und viel Puder im Gesicht. Immer bauchfrei, so
tief, dass die Jungen nach Härchen spähten, aber keine
entdeckten. Rückenfrei mit Blick auf die Unterwäsche.
25 Mehrmals jeden Tag kämmte sich Dorita im Unterricht die
langen Haare. Nicht etwa nebenbei und schnell, sondern
langsam und ausführlich, bis alle zuschauten und die ge-
färbten Haare seidig glänzten. Dann warf sie sie über die
Schultern, schwang sie mit einer Kopfbewegung hin und

her, verströmte ihren Duft rundherum. Die Augen der Jungen hingen an ihr.

Anfangs hatte Herr Niks noch gesagt: „Kämm dich zu Hause." „Wieso?", hatte Dorita gefragt. „Stört doch keinen." „Mich stört es. Pack die Bürste weg." „Nee, wieso ₅ denn? Ich störe durch Kämmen nicht den Unterricht. Ich höre Ihnen ja zu. Das ist doch wohl die Hauptsache? Oder fühlt sich hier jemand gestört?" Schweigen im Klassenzimmer. Kein Wort mehr darüber von Niks. „Den hat sie kleingekriegt", sagten die anderen später auf dem Schulhof. ₁₀

Das war Dorita. Alle fürchteten sie – auch die, die für sie schwärmten. Und alle Jungen schwärmten für sie. Träumten davon, einmal so ein schlankes blondes Mädchen in den Armen zu halten. [...]

Außer Philip. Er konnte das nicht begreifen. Weshalb ₁₅ schwärmten sie für ein Mädchen, das ihnen jeden Moment eins reinwürgen würde?

ARBEITSANREGUNGEN

– Bewerte das Verhalten der Figuren, die in diesem Buchanfang vorkommen: Dorita, Philip, Herr Niks und die Mitschüler.
– Wähle eine der Textfiguren aus (Philip, Dorita, Herr Niks oder einen Mitschüler) und schreibe die Geschichte aus der jeweiligen Perspektive neu auf.
– Sprecht darüber, wie sich ein anderes Verhalten des Lehrers wohl auf die Situation ausgewirkt hätte.
– Möchtest du den Text weiterlesen? Dann lies das ganze Buch.

Sadismus

Als Sadismus bezeichnet man die Lust und das Vergnü-
gen daran, andere Menschen zu quälen, zu demütigen, zu
beschämen, zu unterdrücken, zu unterwerfen, ihnen Grau-
samkeiten und Schmerzen zuzufügen. Auch wenn jemand
nicht aktiv an Quälereien beteiligt ist, aber Freude daran
hat, andere Menschen leiden zu sehen, wird dies Sadismus
genannt. Bei manchen dient das Ausüben von Macht oder
Gewalt über andere Menschen der sexuellen Erregung.

Der Gegenbegriff zu Sadismus ist Masochismus. Damit
ist gemeint, dass jemand beim Erleiden von Schmerzen
und Demütigungen Lust und Freude empfindet. Wenn
beides zusammenkommt, d.h. wenn jemand, der anderen
gern Schmerzen zufügt, auf jemanden trifft, der Lust empfindet, wenn er beherrscht wird und ihm Leiden zugefügt
werden, spricht man von Sadomasochismus.

Der Begriff „Sadismus" ist nach dem französischen
Marquis de Sade (1740-1814) benannt, dessen Romane
von pornografischen Erlebnissen im Zusammenhang mit
Gewalt und Gewaltfantasien handeln. Der Begriff „Maso-
chismus" bezieht sich auf den Schriftsteller Leopold von
Sacher-Masoch (1836-1895), der in seinen Werken über
Unterwerfungsverhalten und Schmerzrituale in den Bezie-
hungen zwischen Männern und Frauen schreibt.

Der Sadist braucht immer abhängige Opfer, die er see-
lisch oder körperlich quälen und unterdrücken kann. Es
macht ihm Freude, über andere zu herrschen, ihre Gefühle
und ihre Lebensweise zu kontrollieren und ihnen Bewei-
se ihrer Unterwerfung abzuverlangen. Dadurch kann er
seine männliche Macht demonstrieren, Wutgefühle ab-
reagieren, Gewaltfantasien ausleben und vielleicht auch
das Empfinden einer inneren Leere verdrängen. Als Opfer

Foto aus der Verfilmung von „Sklaven und Herren"
(Hessischer Rundfunk)

wählt er oft Schwächere, die ihm besonders schutzlos und wehrlos vorkommen.

Die Ursachen für sadistische Neigungen können vielfältig sein, sind aber meistens nicht eindeutig zu erklären. Oft hat es in der Kindheitsgeschichte von Sadisten keine Erfahrungen von Liebe gegeben, manchmal gab es zusätzlich noch häufige Bestrafungen. In vielen Fällen kommen Menschen mit sadistischen Verhaltensweisen aus Familien, in denen die Bedürfnisse der Kinder nach Geborgenheit, Zuwendung und liebevoller Betreuung nicht befriedigt worden sind. Manchmal ist diesen Menschen auch zu Hause vermittelt worden, dass ihnen und ihrer Familie im Vergleich mit anderen Menschen eine herausgehobene Stellung zukommt, sodass das Ausüben von Macht und das Beherrschen von Mitmenschen nicht als ungewöhnlich empfunden werden. In einzelnen Fällen handelt es sich um eine krankhafte Veranlagung, die ohne eine intensive therapeutische Behandlung nicht eingedämmt werden kann.

Die Opfer von Sadisten können sich von ihrem sadistischen Quäler befreien, wenn sie von ihm getrennt werden oder neue Freunde finden, die ihnen Sicherheit und Schutz in der Gruppe bieten können. In extremen Fällen muss die
5 Polizei verständigt werden. Wenn Kinder und Jugendliche Opfer von sadistischer Gewalt werden, sollten sie sich Verbündete suchen, die ihnen helfen können. Auf jeden Fall sollten sie ihre Angst und vielleicht auch Scham überwinden und sich nicht scheuen, sich Erwachsenen (z. B. den
10 Eltern, einer vertrauenswürdigen Lehrkraft oder älteren Geschwistern) anzuvertrauen und sie um Hilfe zu bitten..

ARBEITSANREGUNGEN

- Sichere dein Textverständnis und beantworte die folgenden Fragen:
- Was bezeichnet man als „Sadismus"?
- Wie heißt der Gegenbegriff zu „Sadismus"?
- Nach wem ist „Sadismus" benannt?
- Welche Motive leiten den Sadisten?
- Welche Ursachen kann Sadismus haben?
- Wie kann man sich vor Sadisten schützen?
- Betrachte das Foto und beschreibe, was du siehst. Stelle dann einen Zusammenhang zwischen dem Foto und dem letzten Absatz des Textes her. Versuche auch zu begründen, um welche Personen aus dem Buchgeschehen es sich hier handeln könnte.
- Wie versuchen Klaus, Inga und Tim andere vor den sadistischen Handlungen der „Herren" zu schützen?
- Beurteile dieses Verhalten von Klaus, Inga und Tim.

Kinder haben Rechte

Am 20. November 1989 wurde in der Generalversamm-
lung der Vereinten Nationen in New York die UN-Kinder-
rechtskonvention beschlossen. Darin werden Grundrechte
für alle Kinder auf der ganzen Welt formuliert. Dies sind die
zehn Artikel der UN-Kinderrechtskonvention: 5

1. Alle Kinder haben die gleichen Rechte. Kein Kind darf
    benachteiligt werden.
2. Kinder haben das Recht, gesund zu leben, Geborgen-
    heit zu finden und keine Not zu leiden.
3. Kinder haben das Recht zu lernen und eine Ausbil- 10
    dung zu machen, die ihren Bedürfnissen und Fähigkei-
    ten entspricht.
4. Kinder haben das Recht zu spielen, sich zu erholen und
    künstlerisch tätig zu sein.
5. Kinder haben das Recht, bei allen Fragen, die sie betref- 15
    fen, mitzubestimmen und zu sagen, was sie denken.
6. Kinder haben das Recht auf Schutz vor Gewalt, Miss-
    brauch und Ausbeutung.
7. Kinder haben das Recht, sich alle Informationen zu be-
    schaffen, die sie brauchen, und ihre eigene Meinung 20
    zu verbreiten.
8. Kinder haben das Recht, dass ihr Privatleben und ihre
    Würde geachtet werden.
9. Kinder haben das Recht, im Krieg und auf der Flucht
    besonders geschützt zu werden.   25
10. Behinderte Kinder haben das Recht auf besondere
    Fürsorge und Förderung, damit sie aktiv am Leben teil-
    nehmen können.

ARBEITSANREGUNGEN

– Die Kinderrechte gelten für alle Kinder in allen Ländern
  der Welt – auch hier bei uns. Sammelt in Gruppen Beispiele, die zeigen, dass die einzelnen Kinderrechte um-
  gesetzt werden oder dass noch dagegen verstoßen wird.
  Unterscheidet dabei die Situation der Kinder in europä-
  ischen Ländern von der in Ländern der Dritten Welt.
– Ergänzt die zehn Kinderrechte um weitere Rechte, die
  ihr für wichtig haltet.
– Formuliert auch Rechte, die für Jugendliche gelten sollten.
– Im Auftrag der Vereinten Nationen kümmert sich
  die UNICEF um die Verbesserung der Lebensbedingungen von Kindern und Jugendlichen in aller Welt.
  Die UNICEF Deutschland schreibt in jedem Jahr den
  UNICEF-JuniorBotschafter-Wettbewerb aus und zeich-
  net damit die besten Aktionen für Kinderrechte aus.
  Überlegt in eurer Klasse, ob ihr eine solche Aktion star-
  ten und damit am Wettbewerb teilnehmen wollt. Nähe-
  res erfahrt ihr auf der Internetseite www.younicef.de.

Textquellen

Seite 158–160: Interview mit dem Autor Klaus-Peter Wolf. Originalbeitrag nach der Homepage des Autors (www.klauspeterwolf.de), gekürzt und vom Autor ergänzt.

Seite 162–164: Sklaven und Herren. Originalbeitrag.

Seite 166: Martin Luther King: I have a dream. Aus: wikipedia (Text gekürzt)

Seite 167–168: Mobbing. Originalbeitrag.

Seite 169–170: Dorita. Aus: Anja Tuckermann: Weggemobbt. Texte.Medien. Braunschweig: Schroedel 2010. S. 7–9.

Seite 171–173: Sadismus. Originalbeitrag.

Seite 174: Kinder haben Rechte. Aus: www.jugendeinewelt. at

Bildquellen

Seite 158: Privatbesitz Klaus-Peter Wolf.

Seite 163: mauritius-images, Mittenwald.

Seite 165: picture-alliance, Frankfurt/M.

Seite 166: Interfoto, München.

Seite 167 und 172: Hessischer Rundfunk, Frankfurt.

Wir arbeiten sehr sorgfältig daran, für alle verwendeten Abbildungen die Rechteinhaberinnen und Rechteinhaber zu ermitteln. Sollte uns dies im Einzelfall nicht vollständig gelungen sein, werden berechtigte Ansprüche selbstverständlich im Rahmen der üblichen Vereinbarungen abgegolten.